心一堂術數古籍珍本叢刊

書名：命相談奇（虛白廬藏本） 第九集
系列：心一堂術數古籍珍本叢刊 星命類 相術類 第三輯 319
作者：齊東野
主編、責任編輯：陳劍聰
心一堂術數古籍珍本叢刊編校小組：陳劍聰 素聞 鄒偉才 虛白盧主 丁鑫華

出版：心一堂有限公司
通訊地址：香港九龍旺角彌敦道六一〇號荷李活商業中心十八樓〇五一〇六室
深港讀者服務中心：中國深圳市羅湖區立新路六號羅湖商業大厦負一層〇〇八室
電話號碼：(852)9027-7110
網址：publish.sunyata.cc
電郵：sunyatabook@gmail.com
網店：http://book.sunyata.cc
淘寶店地址：https://sunyata.taobao.com
微店地址：https://weidian.com/s/1212826297
臉書：https://www.facebook.com/sunyatabook
讀者論壇：http://bbs.sunyata.cc/

版次：二零二一年六月初版
平裝

定價：港幣 一百零八元正
新台幣 四百八十元正

國際書號：ISBN 978-988-8583-93-5

香港發行：香港聯合書刊物流有限公司
地址：香港新界荃灣德士古道二二〇—二四八號荃灣工業中心十六樓
電話號碼：(852)2150-2100
傳真號碼：(852)2407-3062
電郵：info@suplogistics.com.hk
網址：http://www.suplogistics.com.hk

台灣發行：秀威資訊科技股份有限公司
地址：台灣台北市內湖區瑞光路七十六巷六十五號一樓
電話號碼：+886-2-2796-3638
傳真號碼：+886-2-2796-1377
網絡書店：www.bodbooks.com.tw
台灣秀威書店讀者服務中心：
地址：台灣台北市中山區松江路二〇九號一樓
電話號碼：+886-2-2518-0207
傳真號碼：+886-2-2518-0778
網絡書店：http://www.govbooks.com.tw

中國大陸發行 零售：深圳心一堂文化傳播有限公司
深圳地址：深圳市羅湖區立新路六號羅湖商業大厦負一層〇〇八室
電話號碼：(86)0755-82224934

心一堂微店二維碼

心一堂淘寶店二維碼

心一堂術數古籍 珍本 整理 叢刊 總序

術數定義

術數，大概可謂以「推算（推演）、預測人（個人、群體、國家等）、事、物、自然現象、時間、空間方位等規律及氣數，並或通過種種『方術』，從而達致趨吉避凶或某種特定目的」之知識體系和方法。

術數類別

我國術數的內容類別，歷代不盡相同，例如《漢書・藝文志》中載，漢代術數有六類：天文、曆譜、五行、蓍龜、雜占、形法。至清代《四庫全書》，術數類則有：數學、占候、相宅相墓、占卜、命書、相書、陰陽五行、雜技術等，其他如《後漢書・方術部》、《藝文類聚・方術部》、《太平御覽・方術部》等，對於術數的分類，皆有差異。古代多把天文、曆譜、及部分數學均歸入術數類，而民間流行亦視傳統醫學作為術數的一環；此外，有些術數與宗教中的方術亦往往難以分開。現代民間則常將各種術數歸納為五大類別：命、卜、相、醫、山，通稱「五術」。

本叢刊在《四庫全書》的分類基礎上，將術數分為九大類別：占筮、星命、相術、堪輿、選擇、三式、讖諱、理數（陰陽五行）、雜術（其他）。而未收天文、曆譜、算術、宗教方術、醫學。

術數思想與發展——從術到學，乃至合道

我國術數是由上古的占星、卜筮、形法等術發展下來的。其中卜筮之術，是歷經夏商周三代而通過「龜卜、蓍筮」得出卜（筮）辭的一種預測（吉凶成敗）術，之後歸納並結集成書，此即現傳之《易

經》。經過春秋戰國至秦漢之際，受到當時諸子百家的影響、儒家的推崇，遂有《易傳》等的出現，原本是卜筮術書的《易經》，被提升及解讀成有包涵「天地之道（理）」之學。因此，《易・繫辭傳》曰：「易與天地準，故能彌綸天地之道。」

漢代以後，易學中的陰陽學說，與五行、九宮、干支、氣運、災變、律曆、卦氣、讖緯、天人感應說等相結合，形成易學中象數系統。而其他原與《易經》本來沒有關係的術數，如占星、形法、選擇，亦漸漸以易理（象數學說）為依歸。《四庫全書・易類小序》云：「術數之興，多在秦漢以後。要其旨，不出乎陰陽五行，生尅制化。實皆《易》之支派，傳以雜說耳。」至此，術數可謂已由「術」發展成「學」。

及至宋代，術數理論與理學中的河圖洛書、太極圖、邵雍先天之學及皇極經世等學說給合，通過術數以演繹理學中「天地中有一太極，萬物中各有一太極」（《朱子語類》）的思想。術數理論不單已發展至十分成熟，而且也從其學理中衍生一些新的方法或理論，如《梅花易數》、《河洛理數》等。

在傳統上，術數功能往往不止於僅僅作為趨吉避凶的方術，及「能彌綸天地之道」的學問，亦有其「修心養性」的功能，「與道合一」（修道）的內涵。《素問・上古天真論》：「上古之人，其知道者，法於陰陽，和於術數。」數之意義，不單是外在的算數、歷數、氣數，而是與理學中同等的「道」、「理」--心性的功能，北宋理氣家邵雍對此多有發揮：「聖人之心，是亦數也」、「萬化萬事生乎心」、「心為太極」。《觀物外篇》：「先天之學，心法也。……蓋天地萬物之理，盡在其中矣，心一而不分，則能應萬物。」反過來說，宋代的術數理論，受到當時理學、佛道及宋易影響，認為心性本質上是等同天地之太極。天地萬物氣數規律，能通過內觀自心而有所感知，即是內心也已具備有術數的推演及預測、感知能力；相傳是邵雍所創之《梅花易數》，便是在這樣的背景下誕生。

《易・文言傳》已有「積善之家，必有餘慶；積不善之家，必有餘殃」之說，至漢代流行的災變說及讖緯說，我國數千年來都認為天災，異常天象（自然現象），皆與一國或一地的施政者失德有關；下至家族、個人之盛衰，也都與一族一人之德行修養有關。因此，我國術數中除了吉凶盛衰理數之外，人心的德行修養，也是趨吉避凶的一個關鍵因素。

術數與宗教、修道

在這種思想之下，我國術數不單只是附屬於巫術或宗教行為的方術，又往往是一種宗教的修煉手段--通過術數，以知陰陽，乃至合陰陽（道）。「其知道者，法於陰陽，和於術數。」例如，「奇門遁甲」術中，即分為「術奇門」與「法奇門」兩大類。「法奇門」中有大量道教中符籙、手印、存想、內煉的內容，是道教內丹外法的一種重要外法修煉體系。甚至在雷法一系的修煉上，亦大量應用了術數內容。此外，相術、堪輿術中也有修煉望氣（氣的形狀、顏色）的方法；堪輿家除了選擇陰陽宅之吉凶外，也有道教中選擇適合修道環境（法、財、侶、地中的地）的方法，以至通過堪輿術觀察天地山川陰陽之氣，亦成為領悟陰陽金丹大道的一途。

易學體系以外的術數與的少數民族的術數

我國術數中，也有不用或不全用易理作為其理論依據的，如揚雄的《太玄》、司馬光的《潛虛》。也有一些占卜法、雜術不屬於《易經》系統，不過對後世影響較少而已。

外來宗教及少數民族中也有不少雖受漢文化影響（如陰陽、五行、二十八宿等學說。）但仍自成系統的術數，如古代的西夏、突厥、吐魯番等占卜及星占術，藏族中有多種藏傳佛教占卜術、苯教占卜術、擇吉術、推命術、相術等；北方少數民族有薩滿教占卜術；不少少數民族如水族、白族、布朗族、佤族、彝族、苗族等，皆有占雞（卦）草卜、雞蛋卜等術，納西族的占星術、占卜術，彝族畢摩的推命術、占卜術……等等，都是屬於《易經》體系以外的術數。相對上，外國傳入的術數以及其理論，對我國術數影響更大。

曆法、推步術與外來術數的影響

我國的術數與曆法的關係非常緊密。早期的術數中，很多是利用星宿或星宿組合的位置（如某星在某州或某宮某度）付予某種吉凶意義，并據之以推演，例如歲星（木星）、月將（某月太陽所躔之宮次）等。不過，由於不同的古代曆法推步的誤差及歲差的問題，若干年後，其術數所用之星辰的位置，已與真實星辰的位置不一樣了；此如歲星（木星），早期的曆法及術數以十二年為一周期（以應地支），與木星真實周期十一點八六年，每幾十年便錯一宮。後來術家又設一「太歲」的假想星體來解決，是歲星運行的相反，週期亦剛好是十二年。而術數中的神煞，很多即是根據太歲的位置而定。又如六壬術中的「月將」，原是立春節氣後太陽躔娵訾之次而稱作「登明亥將」，至宋代，因歲差的關係，要到雨水節氣後太陽才躔娵訾之次，當時沈括提出了修正，但明清時六壬術中「月將」仍然沿用宋代沈括修正的起法沒有再修正。

由於以真實星象周期的推步術是非常繁複，而且古代星象推步術本身亦有不少誤差，大多數術數除依曆書保留了太陽（節氣）、太陰（月相）的簡單宮次計算外，漸漸形成根據干支、日月等的各自起例，以起出其他具有不同含義的眾多假想星象及神煞系統。唐宋以後，我國絕大部分術數都主要沿用這一系統，也出現了不少完全脫離真實星象的術數，如《子平術》、《紫微斗數》、《鐵版神數》等。後來就連一些利用真實星辰位置的術數，如《七政四餘術》及選擇法中的《天星選擇》，也已與假想星象及神煞混合而使用了。

隨着古代外國曆（推步）、術數的傳入，如唐代傳入的印度曆法及術數，元代傳入的回回曆等，其中我國占星術便吸收了印度占星術中羅睺星、計都星等而形成四餘星，又通過阿拉伯占星術而吸收了其中來自希臘、巴比倫占星術的黃道十二宮、四大（四元素）學說（地、水、火、風），並與我國傳統的二十八宿、五行說、神煞系統並存而形成《七政四餘術》。此外，一些術數中的北斗星名，不用我國傳統的星名：天樞、天璇、天璣、天權、玉衡、開陽、搖光，而是使用來自印度梵文所譯的：貪狼、巨門、祿存、文曲，廉貞、武曲、破軍等，此明顯是受到唐代從印度傳入的曆法及占星術所影響。如星命術中的《紫微斗數》及堪輿術中的《撼龍經》等文獻中，其星皆用印度譯名。及至清初《時憲曆》，置閏之法則改用西法「定氣」。清代以後的術數，又作過不少的調整。

此外，我國相術中的面相術、手相術，唐宋之際受印度相術影響頗大，至民國初年，又通過翻譯歐西、日本的相術書籍而大量吸收歐西相術的內容，形成了現代我國坊間流行的新式相術。

陰陽學——術數在古代、官方管理及外國的影響

術數在古代社會中一直扮演着一個非常重要的角色，影響層面不單只是某一階層、某一職業、某一年齡的人，而是上自帝王，下至普通百姓，從出生到死亡，不論是生活上的小事如洗髮、出行等，大事如建房、入伙、出兵等，從個人、家族以至國家，從天文、氣象、地理到人事、軍事，從民俗、學術到宗教，都離不開術數的應用。我國最晚在唐代開始，已把以上術數之學，稱作陰陽（學），行術數者稱陰陽人。（敦煌文書、斯四三二七唐《師師漫語話》：「以下說陰陽人謾語話」，此說法後來傳入日本，今日本人稱行術數者為「陰陽師」）。一直到了清末，欽天監中負責陰陽術數的官員中，以及民間術數之士，仍名陰陽生。

古代政府的中欽天監（司天監），除了負責天文、曆法、輿地之外，亦精通其他如星占、選擇、堪輿等術數，除在皇室人員及朝庭中應用外，也定期頒行日書、修定術數，使民間對於天文、日曆用事吉凶及使用其他術數時，有所依從。

我國古代政府對官方及民間陰陽學及陰陽官員，從其內容、人員的選拔、培訓、認證、考核、律法監管等，都有制度。至明清兩代，其制度更為完善、嚴格。

宋代官學之中，課程中已有陰陽學及其考試的內容。（宋徽宗崇寧三年〔一一零四年〕崇寧算學令：「諸學生習……並曆算、三式、天文書。」「諸試……三式即射覆及預占三日陰陽風雨。天文即預

定一月或一季分野災祥，並以依經備草合問為通。」

金代司天臺，從民間「草澤人」（即民間習術數人士）考試選拔：「其試之制，以《宣明曆》試推步，及《婚書》、《地理新書》試合婚、安葬，並《易》筮法，六壬課、三命、五星之術。」（《金史》卷五十一・志第三十二・選舉一）

元代為進一步加強官方陰陽學對民間的影響、管理、控制及培育，除沿襲宋代、金代在司天監掌管陰陽學及中央的官學陰陽學課程之外，更在地方上增設陰陽學課程（《元史・選舉志一》：「世祖至元二十八年夏六月始置諸路陰陽學。」）地方上也設陰陽學教授員，培育及管轄地方陰陽人。（《元史・選舉志一》：「（元仁宗）延祐初，令陰陽人依儒醫例，於路、府、州設教授員，凡陰陽人皆管轄之，而上屬於太史焉。」）自此，民間的陰陽術士（陰陽人），被納入官方的管轄之下。

至明清兩代，陰陽學制度更為完善。中央欽天監掌管陰陽學，明代地方縣設陰陽學正術，各州設陰陽學典術，各縣設陰陽學訓術。陰陽人從地方陰陽學肄業或被選拔出來後，再送到欽天監考試。（《大明會典》卷二二三：「凡天下府州縣舉到陰陽人堪任正術等官者，俱從吏部送（欽天監），考中，送回選用；不中者發回原籍為民，原保官吏治罪。」）清代大致沿用明制，凡陰陽術數之流，悉歸中央欽天監及地方陰陽官員管理、培訓、認證。至今尚有「紹興府陰陽印」、「東光縣陰陽學記」等明代銅印，及某某縣某某之清代陰陽執照等傳世。

清代欽天監漏刻科對官員要求甚為嚴格。《大清會典》「國子監」規定：「凡算學之教，設肄業生。滿洲十有二人，蒙古、漢軍各六人，於各旗官學內考取。漢十有二人，於舉人、貢監生童內考取。附學生二十四人，由欽天監選送。教以天文演算法諸書，五年學業有成，舉人引見以欽天監博士用，貢監生童以天文生補用。」學生在官學肄業、貢監生肄業或考得舉人後，經過了五年對天文、算法、陰陽學的學習，其中精通陰陽術數者，會送往漏刻科。而在欽天監供職的官員，《大清會典則例》「欽天監」規定：「本監官生三年考核一次，術業精通者，保題升用。不及者，停其升轉，再加學習。如能黽勉供職，即予開復。仍不及者，降職一等，再令學習三年，能習熟者，准予開復，仍不能者，黜退。」除定期考核以定其升用降職外，《大清律例》中對陰陽術士不準確的推斷（妄言禍福）是要治罪的。《大清律例・一七八・術七・妄言禍福》：「凡陰陽術士，不許於大小文武官員之家妄言禍福，違者杖一百。其依經推算星命卜課，不在禁限。」大小文武官員延請的陰陽術士，自然是以欽天監漏刻科官員或地方陰陽官員為主。

官方陰陽學制度也影響鄰國如朝鮮、日本、越南等地，一直到了民國時期，鄰國仍然沿用着我國的多種術數。而我國的漢族術數，在古代甚至影響遍及西夏、突厥、吐蕃、阿拉伯、印度、東南亞諸國。

術數研究

術數在我國古代社會雖然影響深遠，「是傳統中國理念中的一門科學，從傳統的陰陽、五行、九宮、八卦、河圖、洛書等觀念作大自然的研究。……傳統中國的天文學、數學、煉丹術等，要到上世紀中葉始受世界學者肯定。可是，術數還未受到應得的注意。術數在傳統中國科技史、思想史，文化史、社會史，甚至軍事史都有一定的影響。……更進一步了解術數，我們將更能了解中國歷史的全貌。」（何丙郁《術數、天文與醫學中國科技史的新視野》，香港城市大學中國文化中心。）

可是術數至今一直不受正統學界所重視，加上術家藏秘自珍，又揚言天機不可洩漏，「（術數）乃吾國科學與哲學融貫而成一種學說，數千年來傳衍嬗變，或隱或現，全賴一二有心人為之繼續維繫，賴以不絕，其中確有學術上研究之價值，非徒癡人說夢，荒誕不經之謂也。其所以至今不能在科學中成立一種地位者，實有數因。蓋古代士大夫階級目醫卜星相為九流之學，多恥道之；而發明諸大師又故為惝恍迷離之辭，以待後人探索；間有一二賢者有所發明，亦秘莫如深，既恐洩天地之秘，復恐譏為旁門左道，始終不肯公開研究，成立一有系統說明之書籍，貽之後世。故居今日而欲研究此種學術，實一極困難之事。」（民國徐樂吾《子平真詮評註》，方重審序）

現存的術數古籍，除極少數是唐、宋、元的版本外，絕大多數是明、清兩代的版本。其內容也主要是明、清兩代流行的術數，唐宋或以前的術數及其書籍，大部分均已失傳，只能從史料記載、出土文獻、敦煌遺書中稍窺一鱗半爪。

術數版本

坊間術數古籍版本，大多是晚清書坊之翻刻本及民國書賈之重排本，其中豕亥魚魯，或任意增刪，往往文意全非，以至不能卒讀。現今不論是術數愛好者，還是民俗、史學、社會、文化、版本等學術研究者，要想得一常見術數書籍的善本、原版，已經非常困難，更遑論如稿本、鈔本、孤本等珍稀版本。在文獻不足及缺乏善本的情況下，要想對術數的源流、理法、及其影響，作全面深入的研究，幾不可能。

有見及此，本叢刊編校小組經多年努力及多方協助，在海內外搜羅了二十世紀六十年代以前漢文為主的術數類善本、珍本、鈔本、孤本、稿本、批校本等數百種，精選出其中最佳版本，分別輯入兩個系列：

一、心一堂術數古籍珍本叢刊

二、心一堂術數古籍整理叢刊

前者以最新數碼（數位）技術清理、修復珍本原本的版面，更正明顯的錯訛，部分善本更以原色彩色精印，務求更勝原本。并以每百多種珍本、一百二十冊為一輯，分輯出版，以饗讀者。後者延請、稿約有關專家、學者，以善本、珍本等作底本，參以其他版本，古籍進行審定、校勘、注釋，務求打造一最善版本，方便現代人閱讀、理解、研究等之用。

限於編校小組的水平，版本選擇及考證、文字修正、提要內容等方面，恐有疏漏及舛誤之處，懇請方家不吝指正。

心一堂術數古籍 珍本 整理 叢刊編校小組

二零零九年七月序

二零一四年九月第三次修訂

命相談奇

第九集

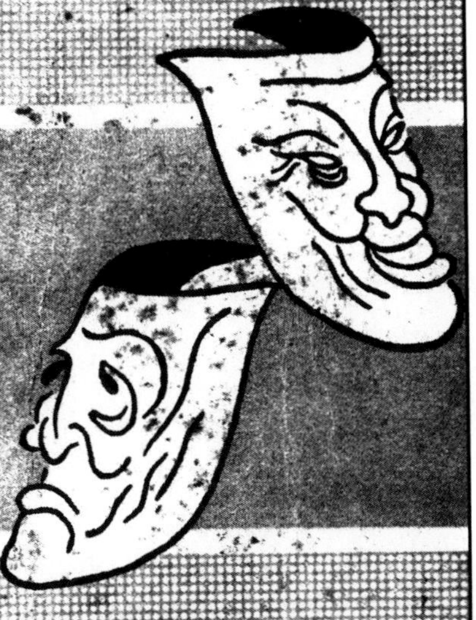

真人真事　不可思議

齊東野著

一九六五年三月初版

命相談奇 第九集

定價：港幣一元六角

著作者：齊東野

出版者：宇宙出版社
香港活道十四號六樓

發行者：長興書局
香港皇后大道西三〇五號
吳興記報社
香港利源東街廿六號二樓
遠東文化有限公司
星加坡廈門街十九號

承印者：同興印務
香港灣仔廈門街二十三號

命相談奇

第九集

齊東野著

香港宇宙出版社印行

目錄

一：人間多凡品．厚重乃相中第一

相學把每個人的相理分爲兩種：一種是身相，一種是心相，身相就是我們平日所謂的「貌相」或「形相」，而心相就是所謂「心術」或「心情」。有一句名言「相由心生，相由心改」，就是說心相比身相更基本也更重要。

人相雖然分有「厚重」、「清奇」、「富貴」、「福壽」等等類型，各型也有各型的優點，但各格局中，則以「厚重」爲相中的第一，厚重也分形相的厚重和心相的厚重。心相的厚重就是所謂「忠厚」或「篤厚」，這是指性情說的。形相的厚重就是所謂「福相」或「善相」，這是指面型體型說的。心相是內相，形相是外相，心身內外是一致的，能够一致，那就是相的「正格」，如果不一致，那就是相的「變格」了，正格是善格，變格是兇格。

比如說，有一個人看來臉孔圓圓，身體胖胖好像是厚重的相貌，但他的心情卻是刻薄的，行爲卻是輕佻的，那就是內外衝突的，心身不一致的變格了。凡是屬於此種變格的相，他的結果必是兇惡，不得其善，那是無疑的。

再比如，有一個人看來一臉露骨，動作輕忽，好像是輕薄相；但他的心情卻是忠厚的，篤實的，這當然也屬於內外不一致的變格，然而，他的結果卻是從善而不從兇。

因此可知，同是一個「變格」的相，內相卻相更重要。這是一種事實，是內五行比外五行重要的事實，沒有甚麼理由可以解釋，也就是「相由心生相由心改」理論之所由來；俗語所謂：「人不可以貌相，海不可以斗量」，就是說人的外相不是絕對可靠的意思。

少時在北京，常常聽見名相家秦四爺和老釣金鰲和他們朋友閒談相理之事，原來他們所謂「觀相」，在表面上好像也和一般人一樣，一看「形相」，二看「氣色」；其實，他們之所以能高人一籌的工夫，在於不先看形相與氣色，所先看的是一「心相」，二「氣宇」；先看好了心相和氣宇，然後再看形相和氣色，所以他們論斷就與衆不同的了。

有一次，有人從山西來到北京，據他對人說，是專誠來托人介紹進見秦四爺請求替他看相的，當他獨個人見到秦四爺時，對秦四爺說，他想做一件事，但不知成功與否，所以不敢決定，請求秦四爺替他看看可做不可做。

秦四爺把他看了一下，就對他不客氣地說「你所想做的事已經做了，還要來問我做甚麼？」

那人一聽，馬上臉色變了，懼怕極了，急急拱起雙手，向秦四爺作揖，說：「秦四爺，請救救我，實不相瞞，兩個月前，我本當先來請教你的，可惜那時我無法離開山西，所以我先把那事做了，現在，我雖然懊悔了，但騎虎難下，我又放不下手，所以求你指示我一個好辦法，我願意聽你的話。」

這位山西老鄉是姓邢的，那天是由一個朋友介紹，這是有一件重要的事難決，要請秦四爺到一個旅舘裏，閉着門，兩人對說，同時，事先他也請求秦四爺不客氣的是好說好，是壞說壞。所以此時秦四爺就不客氣地開口直說：「謀財害命，你已經謀財了，還想害命對嗎？好在你此人的心情還屬於厚重一類，所以當時可以先害命後謀財，而你不敢為，改為先謀財後害命。如今財謀到了，但若不害命，不特一場空，反而要犯法，所以你想，一不作二不休，三不作，四怨仇，又想索性害命了，是嗎？」

撲膝一聲，這位山西老鄉邢先生就跪在秦四爺面前了。他流着眼淚說：「秦四爺，你一點也沒有說錯，我只是一時貪心，現在不知如何是好了，請求你救救我！」

「好吧，」秦四爺說：「由於你的本心忠厚，所以就讓你一時貪心作惡，也不會惡到甚麽田地，你現在既然對所做的事懊悔了，相由心生，相由心改，依我看來，你的氣色已由官非開始轉變了，只要你肯將錢財交還他，你便可以免於犯官符，坐監牢的！」

此時這位邢先生，便把所有「謀財」經過的情形，詳詳細細的告訴了秦四爺之後，請教秦四爺應當用何種好辦法，才能把錢交還對方，同時不至於因此事而涉訟犯法。秦四爺把邢事考慮了一下，再詳細看了邢先生的氣色，就微笑地對他說：「我剛剛聽了你所說的情形之後，再看你的氣色，又有新的發現，只要你肯聽我的話，我可擔保你不至於有甚麽不利的事的。」

到底秦四爺想的是甚麽辦法呢？秦四爺對邢先生說：「你去打電報給你那位朋友，叫他來北京有要事面商，只要肯來，我就有辦法幫助你解決這難題的。」

第二天，邢先生請秦四爺去吃飯的時候，秦四爺就帶了兩位跟他學看相的學生一道去，叫他兩人留心細看邢先生的相局，當然邢先生自己不知道，而秦四爺也當然不將邢先生之事先告訴他的學生，只是要學生研究研究的。

兩位學生回來共同的報告，有下列幾個要點：第一、邢先生相格屬於「厚重型」，但有「貪財」之嫌；第二、兩個月之前曾做了一件違背良心之事，但不久又懊悔；第三、最近又想做一件可能是類似殺人之事，因爲他的眼中發現紅色，而面上部位氣色也有顯現；第四、他原有犯官非坐監牢的氣色，但好像已在轉變中；第五、似乎在三個月之內，有得財之象，但此財是正財還是橫財，此時還看不清楚，因爲他的臉上尙有許多雜亂的氣色未清。

秦四爺這兩位學生是書面報告的，也就是他們預備後來刋行「人相寶鑑」一書用的。秦四爺看了他們兩位的報告書之後，就在那報告書上面這樣批道：「所觀五點，大體尙屬無誤，惟第五點，所謂正財與橫財問題，此時已可看出，望再加細看。又，第二點，卽邢君兩月前所作違背良心之事，到底屬於何類事？再有一點，卽需要加上第六點，邢君有無「騙人」或「遇騙」之事，而其所騙者又是何事？」

由是，第二日他們又在一起吃飯時，兩位學生就對秦四爺所指示的三點加以詳細觀察。觀察的結果，第二次報告書這樣說：「一、關於第二點，邢君兩月前所作違背良心之事，不是騙財，便是騙色；二、關於第五點，邢君在三個月內所得的錢財，看不出是正財還是橫財；三、關於第六點，邢君確有『騙人』之事，所騙者乃錢財。」

秦四爺看了這報告書，又用紅筆在報告書上面批道：「關於第二點，邢君是騙財，不是騙色。

關於第五點邢君所將要得的是橫財而不是正財。

關於第六點，邢君不特有騙人之事，也有受騙之事，所騙者確係錢財。」

這是秦四爺師徒有名的「相案」，名醫授徒有「醫案」，而秦四爺授徒也有此「相案」，這相案如何證實秦四爺批斷的正確與否，自然要等邢先生那位朋友來到北京見過秦四爺之後才能揭曉的。

邢先生為要解決自己這嚴重的難題，當然要動腦筋想把那位朋友請到北京來。他打了一通電報給那位朋友，說是有要事請他來北京面商，另外又打電報回家，叫他的太太去催促那位朋友成行，說是他有要緊的事，需要這位朋友來到北京面商才能解決，而且叫他太太送給那位朋友的來回旅費，叫那位朋友不能推辭。

果然，沒有幾天這位朋友由山西來到北京了。他當然和邢先生住在一起。這位朋友是姓婁的，他當然一見面就問邢先生到底甚麼要事要他趕來北京面商。他對婁先生說：

「關於我們以前所做生意的事，雖然事情已經過去了，但因這生意與北京和天津都有來往，所以最近在天津發生了岔子，可能引起極大的事件，使我們涉及刑事，所以我怕極，承朋友的指示，說是此間有個名相家秦四爺，能觀變入微，也能指示人們趨吉避凶的道理，所以我就請他替我看相。奇怪，我和你以前所做的生意都被看出來了。」

邢先生才說到這裏，婁先生臉色就變得一陣青一陣白了。他驚懼地說：「眞的我們的事被他看了出來嗎？你有沒有承認，到底在天津出了甚麽岔子？你有沒有受他們的欺騙？是否他恐嚇你，要向你敲竹槓，要我們向他們買空？這事你承認我是不承認的。」

「你不要怕，」邢先生說：「我是不會受騙的，他們也不會騙我的，在天津出的岔子，眼前還沒有甚麽太嚴重，就是他們發現我們所做的生意，只知道這貨色是從山西運來天津，還不知道是我們做的。

同時，看相的秦四爺，他還不知道天津有這回事，他只看出我從前曾和朋友做過那種生意，至於能否發生變化，此後有無刑事問題，要看我和你兩人的相，才能決定有無危險，同時也可以幫助我們如何避凶趨吉的，所以我非要你來不可。」

婁先生經過了邢先生如此解釋之後，事關自己的安全，既已來到了北京，就只好依邢先生，見見秦四爺，看看到底有甚麼法了。於是邢先生就通知秦四爺，說是朋友已經從山西來到北京了。

請他明天中午一道吃飯，吃飯之後回到旅館來，彼此三個人再來一次傾心的談商。邢先生這所說的話，就是秦四爺出的主意。

第二天吃飯的時候，秦四爺又把兩個學生帶去，並囑他們二人，對新從山西來的婁先生細看他的相局，凡是看相的先生教導他的門徒都是用此種方法，叫他們自己去看，試試他們眼力如何，能看出多少東西，然後根據他們的報告，再加以指教，或者指定某些特別的事再叫他們去細看，這樣一來，學生們便大有心得了。

吃飯的時候，因爲秦四爺和婁先生是初次見面，事先已和邢先生約好，在飯館不談看相的事，同時因爲還有兩位學生在場，不便說出秘密的事，要等飯後叫兩個學生先回去，他們三個人一道回到旅館時，關上房門再來替婁先生談相，同時也替邢先生解決難題的。

所以在吃飯時，他們三人之間只是談談一些關於北京及山西的天氣和風俗的事，而秦四爺的兩個門生卻特別認眞地在細看婁先生的相局了。

花了一個多鐘頭吃完了飯，那兩個學生就告別了。邢先生，婁先生和秦四爺一道回到王府井大街的旅館裏。婁先生因爲知道秦四爺在飯館中是坐在他對面，兩個學生分坐兩旁，明顯的已對他的相局早看清楚了的，所以一進房中，就急急地詢問：「秦四爺，我的相到底怎樣，想你都已看清楚了的，請你不用客氣的說說吧！」

「是的，婁先生！」秦四爺說：「貴相大體的情形我已經看明白了，我們可以坐下來隨便談談了。」

此時秦四爺好像又在那裏想甚麽問題，接着他轉過頭對邢先生說：「邢先生，對不住你，請你到王府井大街上隨便走，我要先和婁先生談談一件關於他私人的事，這事是你們親友都不知道，可能連婁先生自己也不知道，我要先問明白，然後才能斷定相局，也才能替你們解決命運上的難題的。你在街上走走半個鐘頭就可以回來了。」

婁先生稍稍有驚異的樣子，說：「眞的嗎？我還有甚麽重要的私事我自己不知道的嗎？」

邢先生就接着表示接受秦四爺的吩咐，說：「好的，我也要到街上去買煙捲的，我可以去街上走走一會，你們可以細談。」

說着邢先生就出了。此時房中只有秦四爺和婁先生，是今天剛剛在飯桌上初次見面的兩個生人。

秦四爺和婁先生雖然是初次見面的生人，論主客，秦四爺是北京人，而婁先生是昨天才從山西來的，秦四爺應是主人，婁先生應係客人。於是，邢先生走了之後，秦四爺就起來把房門關上，再來招呼婁先生彼此讓坐。

「婁先生，你是昨天才從山西來的，我是北京人，我就算是主人，你算是客人。」秦四爺先開口了又繼續說：「有句俗語說，主人讓客三千里，所以我應當讓你先說話，你若有甚麼話，儘管先對我說，我應當替你守秘密，若是可以幫忙你的地方，我也必定肯幫忙的。」

「謝謝你的好意，秦四爺，我一時想不出有甚麼秘密的事，如果等下記起有甚麼事，我當請你幫忙，現在還是先麻煩你，先就你所看出關於我的相局問題談一談。」婁先生說：「你剛才說我有甚麼私人的事，到底是關於那一方面的事？是家庭的事，還是我個人的事？」

秦四爺就微笑地點一點頭，說：「我想，事情得先由近的說起，若說近事，我得先向你恭喜的！」

「恭喜？我有甚麽事値得恭喜的！」婁先生說：「只要平安沒有災禍就好了，還有甚麽可以恭喜呢！」

「我們倆雖然今天才初次見面，但因我是會看相的，一見面，我就知道了你過去許多的事，甚至你自己所不知道的；所以你縱然看我是一個初見面的生人，而我卻和你不同，我卻視你爲一個一見如故的熟人似的。」

秦四爺接着說：「婁先生，你聽明白我這意思嗎？本來交淺言深是不可以的，但我現在對你所說的話，卻完全是交淺言深的話了，這不能不先請你明白這道理而原諒我的！」

「沒有關係，請你儘管直說，」婁先生很注意的問：「秦四爺，你剛剛說我的近事，要恭喜我，到底是說笑話呢，還是眞的有甚麽事嗎？」

「不是說笑話，那是眞的」。秦四爺說：「先論你的近事，第一、你和邢先生二人本來都有牢獄之難的危險的，今天看清楚你的氣色，如果此事處理得好，這牢獄之災大概可以免掉的；這不是値得恭喜的嗎？第二、我再依你的最近一月內的氣色看，你將有意外之財可得，這不也是值得恭喜的嗎？你此次來了北京，眞算是幸運的了。」

婁先生一聽見秦四爺說他既可把牢獄之難避掉，又可以有意外之財可得，自然喜出望外追問道：「有何意外之財可得呢，我最近也不做生意了，秦四爺，你能看得出所謂意外之財是甚麽財嗎？我自己眞是想不出的。」

「如果你自己想得出，那就不算爲意外的了。」秦四爺說：「這事等下再談，現在讓我先問你一事好麽？」

「可以的，請秦四爺隨便談。」婁先生似乎很誠意。

秦四爺說：「現在我想問你兩件事：一件事是你和邢先生兩人都知道而別人當然連我也在內所不可能知道的事；另一件事呢，是你自己一個人知道，連邢先生也不知道的事；但現在依我從你們兩位的相看，卻被我所知道了的。」

他停了一會，想了一下，又繼續說：「然而，我雖然相信我所看到的是不會錯的，若是不問你，卻也不能證實，所以我非先問你不可，若不先問明白，則對於你的牢獄之難和得意外財二事，就不可能加以斷定了。」

這話卻把婁先生不能不誠意而且急於知道是甚麽問題了，於是他對秦四爺急切地表示自己的心意說：「是的，你要知道的無論甚麼事都可以隨便說，我是一個明理的人，平日也相信命理之事的，我當然要誠實地答覆你，是說是，非說非，否則便對未來的事無從推斷了。」

「好的，婁先生，請你原諒我，就相論相，直口問你。」秦四爺說：「在三個月之前，大約前後有五六個月光景，你是否和邢先生合夥做了一件生意，那生意是違背良心的，也觸犯刑法的，但你們卻在生意上發了財的？」

婁先生一聽這話，面色大變，語無倫次地說：「秦四爺，這事不是邢先生在天津聽了不好的消息先告訴了你的嗎？他就因爲這事才打電報叫我來的，他告訴了你，我們兩人所做的甚麼生意的嗎？這老邢把這事告訴你，眞是不應該的，當時我們兩人曾在關帝廟揷血發誓，無論如何不能告訴人也不能承認的，老邢邢好這樣做呢？眞太不够朋友了！」

秦四爺看見婁先生如此態度，便不得不爽直地把實在情形告訴他，說：「婁先生，請你不要誤會，不必責備邢先生，他至今也還沒有告訴我甚麼事；而他所對你說的天津方面消息，也是假的，根本並無此事，這是我叫他如此做，才能使你趕來北京的。」

「眞的嗎？」婁先生說，「天津旣沒有那不好的消息，他也不曾把那事告訴你，那末，你要我來北京做甚麽呢？我們那生意也已經平平安安地過去了，又何必去追問它呢？而且這生意不是沒有人做的，過去做這生意而發財的人，他們也大都平平安安的，爲甚麽我們偏偏不能做呢？而且已經是過去了的事，何必再去追究呢？」

秦四爺看見婁先生有時不大高興似的，因而不得不想一個辦法，向他具有「當頭一棒」的作用，使他不得不向事實低頭。於是他就用一種比較沉重而有力的口吻，對婁先生說明他的理由。他說：「婁先生，請你不要生氣，也不要怪我口直，我可以從你和邢先生的相看出，你們兩人兩個月前所發的財，是一種黑錢，你們所做的生意是販賣鴉片煙土。同時，你們中間也另有違反良心的事，彼此欺騙，彼此謀財，所以，這災難之事，便隨時可以暴發了。」

婁先生一被秦四爺指出所做的生意是「販賣鴉片」，又指出兩人「彼此欺騙，彼此謀財」，一時便呆在椅上，無言可說了，他只是輕輕點點頭，面色一陣青，一陣又轉白。他怕了，他怕被秦四爺所揭發，要他和老邢拿出多少錢向他買休了。

但是秦四爺卻也看出婁先生的心意，立卽安慰他說：「千萬請你不要懼怕我有何對你倆不利的地方，邢先生是我的一個好朋友介紹給我的，據朋友說，邢先生是他的好朋友，因此我也當邢先生是我的朋友。因爲我在他的相上看出可能有災難，而這災難是發生於前三個月所做那種生意，而且是兩個人共同關係，所以要他請你來北京，讓我看清楚了，才能幫助他解除這災難的，除了這理由，我並沒有其他意思，我也不想你們送我多少錢財的。」

「那也不成問題的，只要我們能够平平安安的過去，我和邢先生兩人都應當奉送多少給秦四爺爲謝勞的。」此時邢先生似乎對此事放心了許多。

秦四爺也就轉笑說：「我秦四爺是北京有名的不要錢，要我看相只要吃吃小舘子就够了。絕對不收錢。我自己看我的相，今年並無財氣，永遠也不會發財，所以你們就肯送我錢財，我也是不要的，如果勉强要了，這財便要生禍的！」

接着秦四爺又對婁先生談到第二個問題，那就是他所說的「只婁先生自己知道，連邢先生也不知道」的事，那是一回甚麼事呢？他問：「婁先生，我問你，當兩個月前，你和邢先生做那生意成功了，當分攤錢財的時候，你是否騙了邢先生，中飽了一筆數目頗大的款呢？」

「秦四爺，這事是誰告訴你的？這事老邢是不知道的，你從那裏知道的？」婁先生說話時，態度既驚奇，又懼怕，他心中一時眞有莫名其妙之感了。

「我是從邢先生的相上發現的，我發現他兩個月曾經不光『發財』，且又曾被人『騙財』，同時發現他將因此發財和騙財而發生嚴重的災禍，這一場將要發生的災禍，輕則牢獄之災，重則殺身之禍。」

秦四爺又說：「又因爲這是兩人共同的行爲，所以這一場的災禍必定也是兩人禍福同當的，截至現在爲止，我沒有說他所做的事是販賣鴉片，直到剛才在飯館裏看見了你婁先生的相，才斷定是做販賣鴉片的事，因爲此生意你是主持人，邢先生只是幫手，生意的來來去去你比他清楚，所以你當時就中飽了一筆款子了。」

婁先生坐在秦四爺對面，面色一陣蒼白，一陣緋紅，頻頻點首稱是，他簡直完全默認了這一切的事實。於是，他低頭無聲地在那裏沉思了一陣，再仰起頭來對秦四爺說：「我知道當時是錯了，我也一直兩月來於心不安；但因爲這事既做了又無法改過來，所以也就算了，現在，請秦四爺依我的相看，這災禍是否可以消除，又當怎樣消除，我是願意依你的話去做的，我但願能避凶趨吉！」

「是的，我今天和你初見面而肯這樣對你直言，爲的也是希望你兩人能夠避凶趨吉的。」秦四爺說：「我老實對你說，我也因爲看出了你和邢先生兩人都是屬於厚重型的人，雖然一時做錯了事，心中會不安，所以你們兩人至今相上的氣色，也還表現不安之象，這『不安』之象，便是『良心』的表現，我也因爲根據這一點，所以我應當利用相術去行善，我就想請你們會在一起共同來解決這個難題。我再簡直告訴你，如果我看出你們曾經做了惡事，而氣色上沒有良心的不安，那我就不會去管這閒事的。」

「秦四爺，」婁先生說：「如果面貌上沒有那良心不安的氣色表現的話，將是怎樣的？你如果不想管這門事的話，又是怎樣的呢？是否可以平平安安地過去呢？」

「絕對不會的！」秦四爺說：「凡是作過惡事的，面貌上必留下惡相，既留下了惡相，就必定有惡果，所謂平平安安地過去，只是暫時的，除非他後來行大善，補了過，那惡相才會改變，否則，到了最後總要自食其果的。我如果發現那人作過惡，面上留有兇相，而並不見有良心不安之象，那就是說，此人已經成了惡相的定型，也就是說，我就勸勉他也不肯聽，他絕不肯承認過錯像你和邢先生的一樣，那我就何必多此一舉去勸他呢？」

婁先生似乎聽懂了其中的道理，自己所做的事當然自己心中最明白：但此時還不肯把自己所做的事說出來。他心中暗下想一想，剛才秦四爺曾暗示地說過，老邢和他兩人面上都有良心不安的氣色，又說他們兩人三個月前對於所合夥的生意是販賣鴉片，復曾「彼此欺騙，彼此謀財」，那末，這樣看來，老邢原來也和他一樣的欺騙和謀財之事了。既然如此，無妨先問明白，老邢到底是何情形，然後自己再來考慮如何對秦四爺解釋自己的事。

於是他就抱定此種主意，低聲地問道：「秦四爺，你說我和邢先生三個月以前所合夥做的生意，實不相瞞，確然依你所推斷的，但不知你怎樣能夠推斷出來的呢？我們兩人也不抽鴉片煙，難道你能在我們的面上氣色看出鴉片土的樣子來不成？這眞是莫名其妙的事了！」

秦四爺笑着說：「現在已經過了三個月，氣色上是看不出是鴉片的；但若在三個月前，當你們正在進行做這生意時，我是可以從你們的面貌氣色上，看出那鴉片土的樣子的，因爲那是一塊一塊有包裝的東西，不是在色上表現，而是在氣上表現的。」

「那末，現在已經過了三個月，」婁先生不待秦四爺說下去，就截住先問：「這鴉片烟土包裝的氣已經沒有了嗎？」

「是，已經沒有了！」秦四爺答。

「那末，這氣已經沒有了，你又從何看出我們是做此種生意呢？」婁先生接着又埋怨邢先生，說：「我所以想，這必定是老邢告訴你了，否則你怎能知道呢？」

「不是這樣簡單的，」秦四爺說：「現在我雖然看不出那鴉片土的樣，卻可以從別的方面看出你們做的是這生意，因爲，一方面你們兩人面上氣色都有一種發了財而又違反良心的氣色，這就是表現你們的發財是不正當的；另一方面，從你們的氣色可以看出你們所發的財並不是太小額的財，而當在十萬二十萬元大洋以上的大財。而且發財的時間只是幾個月之內的事，就做生意上看，除了做鴉片生意外，還有甚麼生意會像這種情形呢？」

婁先生又有意辯駁說：「一定是做鴉片生意？强盜不是也可以嗎？」

「那是有所不同的，」秦四爺解釋說：「若是强盜得手，三個月以前必有一道殺氣，這殺氣要經過兩三年才能散掉的，而今你們二人面上並無此種殺氣。」

說到這裏，婁先生又轉而問到關於觀氣問題上面去。他說：「剛才秦四爺曾說，若在三個月以前，你能在我和老邢面上看出鴉片土的樣子來，這是眞的嗎？」

「我說的都是眞的事，不會胡說八道的，我舉個前兩年的一件事告訴你，你就明白觀氣的事。」秦四爺接着就得意地說他的故事，他說：「前兩年有一個人請我看相，問我他所做的生意會不會成功，那天是晚上，我就在燈下用觀氣的方法給他看，當時我有兩個學生，也正在開始學習觀氣，這兩位學生也就是今天和我一道來到飯館吃過飯那兩人，我當時就讓他們兩人先去看。

「照看相觀氣的規矩，首先要先能看出他所做的甚麼生意，然後才能看看所做的生意成功不成功。因此我叫他們二人首先看看那人做的是甚麼生意，我的學生看了之後，向我報告說，那人所做的是火柴生意，我問他何以見得？他們答說，他們於那人面上發現一盒一盒火柴的樣子。

「我告訴他們，那一盒一盒的並不是火柴盒，應是別的東西，叫他們再細看，但他們以爲我故意試試他們，看了之後仍堅定說是火柴盒，我說，依我所看的不是一堆火柴盒，而是一包一包麵粉。在觀氣中一包一包的麵粉和一盒一盒的火柴，是沒有甚麼分別的，我們所看出的也都是一些影子，並不能看出上面是火柴抑是麵粉的字樣，當然彼此都不能强辯，要證明誰是誰非，只好去問那人本身了。

「於是我們只好問那人做的是甚麽生意。我的學生先問他：『先生，你是否想做火柴的生意？』那人回答說：『不是，我那會去做火柴的生意呢？』於是我就說：『我知道你不是想做火柴的生意，而是計劃而且已經下手做麵粉的生意的。』

「『麵粉！』那人驚異地跳起來，說：『秦四爺，你眞是神相了，我確是已經開始設廠了。』」

秦四爺說到這裏便笑嘻嘻地說：「麵粉一包包都可以看出來，你想一包包的鴉片會看不來嗎？」

婁先生聽了也很奇怪，就問：「這到底是甚麽道理呢？你的學生既然也能看出一包的東西，何以不能斷爲麵粉呢？」

「當然他們也向我追問這道理，同樣看出是一包包的東西，何以斷法不同？」秦四爺說：「我當時曾向他們解釋說，只有麵粉，是一包一包的樣子，若是火柴，那不是一盒一盒，而應是一根一根的火柴樣子，於是他們領悟了。」

婁先生聽了覺得十分有興趣，於是又問：「那末，你推斷那人所做的麵粉生意成功嗎？」

「成功，」秦四爺答說，「去年已經大發財了的，那人就是天津大成麵粉廠老板鄭大成先生，大成麵粉廠的大名，京津的人都知道的，你如不信，去街上有賣大成麵粉的店舖一間，他們都會告訴你這故事的。」

「這事業上的成功不成功又從那裏看出來的？」婁先生說：「秦四爺，我眞想要跟你學看相了，但不知你肯不肯收我做學生，我今天聽了你所說的一切，尤其是關於我和老邢二人的事，我等下會把我一切的事告訴你的。」

秦四爺又微笑地說：「不敢當，你何必學看相呢，你又不是沒有飯吃的人。」

他又解釋事業的成功與否的問題，說：「事業的成功，就是那人能在氣色上顯露他從事的事物的形象來，這就是說他能聚精會神成於一事，不會分心於其他的事，所以能够成功。若是那人在氣色上顯露的不像一種具體的形象，或是多種的東西，那就是表明了那人不專心於他所經營的事業，或是貪多，那就不會成功的，若是再加上一些敗色，那就必定會慘敗了！」

「噢，原來如此，」婁先生明白了事業成敗的相理之後，他立卽想到自己所面臨的災難問題，於是就問：「秦四爺，請你看看我的災難如何？老邢也和我一樣有災難嗎？你又說要向我恭喜，我有得財之事，這又是怎樣說法呢？難道災難和得財會同時發生的嗎？」

婁先生還是想先知道邢先生的事，他又加重地問：「你在老邢相上先看出的是甚麼呢？又在我相上看出的是甚麼呢？」

這是他們兩人談相已到了最後階段了，婁先生心中明白，秦四爺所說的話語中就是表示他對婁先生所作所爲都明如指掌的，自己不肯說也沒有用，說了還可以知道如何避難，而且還有得財的希望。現在問題就是他要知道老邢到底有何毛病被秦四爺看出，因爲秦四爺明說他們兩人都有彼此欺騙，彼此謀財的事，那末老邢原來也有欺騙謀財的事，這是婁先生所始料不及的。

當然，一個看相先生都是一個十分機警的心理學家，所以婁先生所說的話，在秦四爺聽來都十分明瞭他說話的用意何在，他話裏有三個這樣的要點：

第一、他是自知販賣鴉片發了財，又在這錢財上面起了私心，他深怕因此會發生災難，希望能避除這災難。

第二、他對秦四爺所說他又有得財的氣色，這不特可以把災難之事抵消，還可有多少錢財可得，豈不更好。

第三、他希望能從秦四爺口中探知老邢有何對他欺騙和謀財之事，用以抵消他對老爺的欺騙與謀財。

因爲秦四爺從婁先生說話的辭色上可以看出這些心理，所以他也很誠意的對婁先生說：「我在邢先生相上看出他旣有先被人瞞騙去錢財，但他自己又有謀人的錢財，而且還有牢獄之災，而今天呢，在你的相上也發現你和他是一樣的毛病，因此我斷定你們兩人曾經彼此互相欺騙，互相謀財的。」

「互相謀財？」婁先生很急地問：「到底他謀的多少財，我又謀的多少財，你可以看得明白嗎？」

「當然我只能看出大概的，」秦四爺說，「你們每人大約都騙取三五萬元的，因爲你婁先生厚重相比邢先生强得多，所以你兩人都能够開誠佈公，說明白了，也就可得逃過災難了，就相局來看，你是比邢先生好得多，也就是厚重得多，所以你的危險係比他輕，若是你們兩位能好好利用這次看相的機會，彼此開誠佈公一下，豈不更好嗎？」

婁先生聽到這裏，明白了秦四爺所謂開誠佈公的意思，是說他和老邢二人所有彼此欺騙和彼此謀的事公開說出來，那就沒有事了。

於是他又問：「秦四爺，依你看來，我和老邢二人，到底那一個謀騙的財比較多呢？」

「這問題我已十分明白了，」秦四爺說，「由於邢先生的相局不若你厚重，所以他的災難比你更多；而且他所騙去的錢財，似乎也比你多些，大約有兩萬餘元的。」

「兩萬餘元？」婁先生大爲驚奇地說：「那末老邢的良心太不好了，貪心也太狠了，我只中飽三萬元，而他卻有五萬多元了，這眞是太欺負我了，我一定和他算賬。」

秦四爺聽了微笑而得意地說：「情形是不出於我之所料的，因爲邢先生的相格不如你厚重，所以他也比你更貪心，而且也更狠心，不過，他也同樣比你更不安心了。」

「他不安心了怎樣？他肯把那款子吐出來還比我嗎？」婁先生說：「他一直到今天還沒有表示肯把那款吐出來，還要打電報催我趕來北京，還騙我有甚麽災難的事，這到底是甚麽道理的？秦四爺，我現在把全部情形都告訴了你，我當時只中飽三萬元，那因爲那次是我到天津去交貨，貨價突然因爲有人偸運去日本而高漲，我就轉了一個舵，把貨色改賣給另一家洋行，比原價多賺了三萬元，因而我就把這三萬元由我自己主意改賣多賺的錢留下來了。」

這話確然使秦四爺暗自歡喜他對於婁先生相局的判斷果然不錯，因爲他就相局上看出婁先生比邢先生厚重，所以不特邢先生對老婁曾想謀財之後繼以害命，而現在不只對婁先生害命之事不成，反而要將謀財之錢得吐出來了。

於是秦四爺便對婁先生說：「婁先生，我早說過你的相比邢先生厚重，今天我和你初初見面，而你就肯把過去的事全部實情告訴我，至於老邢，他和我盤旋了幾天，我曾向他道破了他的秘密，而他卻不肯對我說實話，你想你和他二人在相上會沒有很大的區別嗎？」

「秦四爺，區別了又是怎樣？」婁先生說：「他的相比我不厚重，而他卻多騙了我的錢，你想，我的厚重相有甚麽好呢？我想，還是不厚重的好哩！」婁先生說時的臉面好像表現得很懊悔而又很激憤似的。

「那就不是這樣說的。」秦四爺看見婁先生很怨恨的樣子，就對他解釋並安慰地說：「人相乃以厚重第一，厚重相的人，他雖然在表面好像時常吃虧，而實際上者或最後，他必定是多福的，不至於永遠吃虧的。」

婁先生似乎對秦四爺的話頗能瞭解，於是他便隨口輕鬆地說：「那末我的多福在那裏呢？他如果不肯吐出來，我不是永遠吃虧的嗎？難道這還不算吃虧？」

秦四爺微笑地說：「我說不吃虧就會不吃虧的，」他接着說：「我不是曾對你恭喜嗎？你這次來到北京，想得到會有意外之財可得嗎？就在這幾天內，你就會得財的。」「得財？」你說是老那會吐出來嗎？」婁先生說：「他至今還不肯對你吐實，那肯把錢吐出來呢？」

「當然我有方法叫他吐出來，」秦四爺說：「不過，你們兩人是多年而且曾經合夥做過那冒險的生意，仍然我希望你倆以友情爲重，彼此不要說破，讓我從中替你們調處，他肯拿出多少，你就收多少，同時，由於你中飽在先，或許他因有所聞，以致他就也想舞弊了，也不一定。」

婁先生截住說：「我中飽之事他是絕對不知道的，因爲做此種生意的人，大都有「黑吃黑」的事，所以彼此只管大數目，其他小枝節和細數目，大家都是彼此間一眼閉一眼開的。所以當時我們都不去計較其他，彼此但求平安而已！」

「若是彼此不知道，那是更好了，」秦四爺說：「我現在因爲你是比他厚重，所以我不想把你中飽的情形告訴他，我只想把他所中飽的數目知道了，我就可以勸他自動拿出多少，當然最好是把你的份頭交還你。」

他們兩人在房間剛好說到這裏的時候，邢先生從王府井大街散步回來了。兩人就在此結束談話。

接着，婁先生就托詞出去散散步，找找老朋友，也離開了旅館，意思是給秦四爺和老邢談話的機會，因爲此事需要日內解決的。

婁先生走後，老邢就急問秦四爺，關於老婁的相有何問題。秦四爺說：「我已經把你們兩位的相看清楚了，你的相有災難又有破財之象，而婁先生卻有得財之象，而且你們兩人的相格也是符合的。其實，你的破財根本不是破財，只是還債而已，而且此債若是不還那就有災禍的！」

邢先生一聽見自己既有破財又有災禍，當然十分懼怕，他前幾天曾經請求秦四爺救救他，指教他也幫助他如何能把所謀的財交還對方以免無禍的，因此他就問：「我相上既有破財，他相上既有得財，那末我願意還他的財，但求無禍，可有辦法嗎？」

秦四爺說：「辦法一定是有的，只問你自己肯不肯做，若是肯做，我也可以幫你一些忙，你不必把全部的款交還他，你只要把全部以半數交出來就可以了，因爲那一半依然是你所有的，你當然可保有這一份的所得。」

這話當然邢先生聽得進，因爲他可不必將全部款子交出來，於是立即取出銀行的支票簿兩本，一本是天津交通銀行，開了一張兩萬元的支票，又開了一張北京交通銀行八千元的支票，交給秦四爺，請他轉交給老婁，當然還要秦四爺想出如何設辭能把這事做得妥當。

從這兩萬八千元的兩張支票，可以看出當時老邢是舞弊中飽了五萬六千元的。秦四爺因爲婁先生曾把過去中飽三萬元的情形告訴了他，所以也想知道婁先生當時是怎樣舞弊的：於是他就問邢先生，除見面那天已經說過的外，可否再將當時進款的情形告訴他，目的不是他自己要知道這筆款子的數目而是對老婁說話時要有所措辭，要說得對才能使老婁相信的。

老邢逼得無法，只好把那次舞弊的情形說出來了，他說，有一次他押貨從山西大同到天津，因爲事先知道有一個地方軍警檢查甚嚴，他就叫一個姓賀的打頭陣，先帶了少數的貨色去冲關，果然被軍警破獲了，賀某也被捕了，這時候他自己手中還有大數的貨色，於是他就把這批貨色化公爲私藏起來了。他對老婁報告說，全部貨色都被軍警搜查去了。後來這批貨色運到天津脫手。一共得款六萬元，除了一切路上的明暗開支外，他實得五萬六千元的。

接着秦四爺就問：「邢先生，最後還有一件事我要問你，你這件事至今婁先生自己還不知道的，然而我第一天看你的相你卻有因謀財而想害命的氣色，當時我以爲你所想害的命當是婁先生，但今天我看婁先生的相，卻並沒有險被謀殺的氣色，那末，你所想謀殺的到底是誰呀？此人現在那裏？在不在北京？」

秦四爺這一問卻把老爺問呆了，他心裏想，這秦四爺的相法未免太神奇了；因爲他所想暗殺的人，的的確確不是老婁而是另一個人。於是老邢又被逼不能不把這其中的情形直供出來了。他站了起來拱起雙手向秦四爺作揖說：「秦四爺，你的相法眞使我佩服得五體投地了。」

接着他就把過去的情形細訴出來了。原來當那次鴉片煙土在路上被軍警搜查破獲之時，先去衝關的那位姓賀的當場被捕，這位賀某是老邢的表叔，原也是他們中間的小股東，做此種黑生意，參加的人都應當是股東的，他被捕之後當然不會就釋放的，因爲軍警機關要用嚴刑訊問，要查出販毒的總機關再要追捕當事人以及許多貨色的。

這情形當然事先老邢是明白的，所以一聽見賀某被捕，立即將運毒的地方遷移，貨色起走，果然當晚軍警就前來搜查，結果無所獲。因爲賀某挨不過軍警的刑罰，把藏貨的地方供出了，所以老邢就利用這事實，對公司說全部貨色被搜獲了。這事情因爲賀某自己明白，老妻當時也聽說軍警確然來到機關搜捕，所以相信老邢的話了。

但是，事情經過三個月之後，賀某已由公司方面用錢向軍警機關運動把他放出來了，賀某在被囚日子聞知軍警機關並沒有搜捕到東西，就向老邢交涉，說是他在軍警機關裏面聽說老邢已把運毒機關遷去了，沒有搜到東西，說是老邢乘機舞弊，將貨色化公爲私。

但老邢卻也有理由辯護，他說，此種「黑吃黑」的事情，軍警機關也是一樣的，他們搜到了那麼值錢的貨色，他們不會起貪心嗎？對於此類沒收走私之事，軍警以及海關、陸關、都一樣時常是以多報少，以有報無的，黑中黑，天下烏鴉一般黑，誰在管他那麼清楚的。

這話當然也確把賀某騙過了，但是，最近賀某到天津來做生意，碰到以前做鴉片生意的熟人，無意中談起幾個月前曾向老邢買過一批貨色，賀某把那批貨色的數量，日子以及貨色的種類一算，那完全就是當時被老邢移去的那批貨色，而且他也查明貨價是六萬元之多，於是賀某就由天津打電報給老邢，說是有好生意等待面談，把他從大同請到天津來了。

老邢到了天津，賀某就向他提出要求，說是他已經有了人證和物證，要分那筆老邢化公為私的款子，他要老邢給他三萬元，否則就要請老婁來天津一同交涉。因為賀某乃一個無賴之徒，和他說好是說不通的，說壞老邢又做他不過，所以老邢就橫起心來想把他殺掉，以圖滅口。

當時老邢謀殺賀某的決策已定，他不想放買兇手去暗殺賀某，他決定自己下手，最為機密，不會被人發覺的。他擬定邀請賀某同遊北京的西山，那裏有一個地方是可以清談也可以得便行事的，他原打算自己和他談商這款子問題時親自把他殺死的，因為他知道賀某不會把向老邢敲詐之事告知別人，所以此時把他殺死，不會有人會懷疑到老邢身上的。

所謂「謀財害命」的氣色，在老邢面上所表現的情形雖然已被秦四爺看出，卻原來謀財是對老婁，而害命則是對賀某，這情節也算奇妙了。秦四爺的相術眞是不錯，他在推理上以爲老邢的謀財與害命兩種氣色總是連在一起，是對付一個人的，但想不到當他看見婁先生之後，卻不會發現他有被害命的氣色，因而就問到了老邢原來所要害命的卻不是老婁而是賀某。

現在這難題當迎刃而解了，老邢願意把從前所謀得的款子交還老婁，當然不怕賀某的敲詐，也用不着去謀殺他了，秦四爺聽了老邢細說這情形也覺得人事實在複雜，幾使他把老婁誤爲有被殺的危險。

秦四爺把老邢所開的兩張支票收下之後，一會婁先生也從外面回到旅館來了。他就在老邢面前把兩張支票交給婁先生，他對婁先生說：「剛才我恭喜你有財可得，果然不要過夜就成爲事實了，這裏二萬八千元的支票請你收下，是幾個月前你們二人合夥做那種黑生意時，邢先生把一筆帳算錯了，應當歸你項下的，未曾交給你，現在他已算出來了，托我交還你，這不是意外之財嗎？」

婁先生接過支票，看了數目，雖然他們當時都得財數萬元，對此二萬多元的意外之財，當然也是喜出望外的。他拿了支票看看老邢，老邢拱起雙手向老婁作揖，表示歉意，而老婁看老友如此，也舉起雙手回拜，表示謝意了。

然後他對老邢說：「不用這麼多，我收一半就算了」。

秦四爺看見兩人彼此客氣，不願意他們又有計算前賬的情事，索性好人做到底，就對他們兩人說：「這是邢先生算好了的，是應當歸還的數目，我已從你們兩人的相上看明白了的，邢先生應當付出這筆款子，婁先生也應有得此筆款子的財氣，不多也不少，請兩位不再掛心這事了，此後你們可以合夥做生意，但不必再做那黑生意了。」

於是邢婁二人就彼此握手互相慰勉一番。接着，婁先生自己心裏明白，他以前也曾中飽過三萬元一筆的黑款，就理也應當交出一萬五千元還老邢的，因而他就問秦四爺說：「請四爺再給我的氣色看看清楚，我是否該收這一筆款子，或是應當少收多少？」

當然婁先生這話中的意思是秦四爺所知道的。他微笑地回答說：「婁先生，請你不必客氣了，你只有得財的氣色，沒有破財的氣色，所以你可以全數收下的。」

「這意外之財，我受之有愧。」婁先生說：「我眞萬想不到，我這次由大同來到北京，會有這一筆款子進賬的。」

接着他就在邢先生面前，把那張支票面上開出八千元的一張，恭恭敬敬地遞交秦四爺手中。

秦四爺接過支票，說：「這是甚麽意思？」婁先生說：「這是我們兩人送給秦四爺作爲看相潤例的小意思！」

「潤例？」秦四爺說：「自中國有看相以來，沒有這樣的大潤例過，這眞是破天荒了！我的潤例只是吃吃小館子，連大館子都不必，我那好收這一筆大款子呢？」

婁先生截着話尾說：「秦四爺，請你不用客氣了，這就不算是潤例，我剛才是說錯了的，請你原諒我這做生意的俗人滿口都只有商場上的用語，現在我也不曉得應當說是甚麽，總之，我們今天交朋友，我老婁因爲你秦四爺才得到這一筆意外之財呢？」

老婁想了一下，又繼續補充說：「這錢原是邢大哥所有的，所以就算是我和邢大哥二人送給你的一種交朋的見面禮吧！」

「是的，老婁說得不錯，」邢先生接着說：「就算是我們兩人的敬意，請你收納，讓我們做個好朋友好嗎？否則，那就是你秦四爺不願意我們高攀了！」

經過老邢和老婁這麽一說，秦四爺也看出他們的誠意，也就不好意思了，他就對他們說：「這正是所謂卻之不恭，受之有愧了！」

他們兩人的事總算做了一個結束。晚上由老婁請客，到前門去吃烤鴨。當然除了他們三個人之外，那兩位秦四爺的學生也在場。秦四爺事先也把學生利用這機會學習看相之事告訴了婁邢二人，因而他們兩人也對此發生興趣，他們希望在吃飯時能聽聽兩學生對他們之事有何高見。

吃飯的時候秦四爺問學生說：「你們從前看邢先生的氣色已經不錯的，現在你們說說看，今天中午你們對婁先生的氣色有何心得沒有？」

「依我們看，婁先生在三個月以前，曾做過一些有虧良心的事，因爲他的相局是屬厚重的一類，所以他此事已經過去了，而心中還在悶悶不樂，也就是還有一些懊悔。這氣色並不是壞氣色，卻是屬於恢復良心行善的氣色。」兩位學生中的一位姓褚的這樣說。

秦四爺似乎恐怕學生把婁先生中飽之事說出來，便接着對另一位姓劉的學生說：「這氣色看得不錯了，不必再說了，你說說看婁先生現在的氣色如何？」

「目前婁先生的氣色應是得財的氣色，」姓劉的學生想了一下又說：「很奇怪的，婁先生今天才從山西來北京，何以就有這財可得，眞是奇妙的事，這氣色是意外之財，而且數目也不小，當在萬元以上，並不是做生意得的，而是屬於不勞而獲的橫財。」

「兩人說的都對了，」秦四爺說：「依你們二人看來，婁先生此財何時可得呢？」

「這又是一件奇怪的事，」學生答說：「依我們看來，好像在一二天內之事，但又好像已經得了似的。」

此時他們三人都不約而同地哈哈笑起來了，接着秦四爺又問：「你們看看我的氣色如何？我倒也很想發些橫財呢？」

兩位學生起初以爲老師笑話，後來一看，姓褚的學生說：「老師，奇哉怪也，你爲甚麼也得了一筆不大不小的財呢？」

「有多少？」秦四爺問。

「五千元以上。」姓褚的說。

「不到一萬元。」姓劉的說。

「太奇妙了！」當兩位學生這麼一說，婁先生跳起來讚嘆了一聲之後，說：「秦四爺，我眞的要跟你學看相了，這一門學問，眞是太莫名其妙了！」

秦四爺收了婁先生八千元的支票，心中頗有不安，所以剛才他曾對老妻和老邢二人說過「這正是所謂卻之不恭，受之有愧」的話，因爲在當時這八千元的大洋，實在數目不小，得之太不容易的事。秦四爺之所以勉强把它收下，在人情世故上有兩個理由：第一個理由是他不特對婁先生和邢先生兩人看了相，更重要的是他替兩人和了一件大事，而且替老邢排解了他要謀殺那位姓賀的大災難。僅就這兩件事來說，此中既有錢財關係，就是收了他們一點報酬也是應該的，不過數目不免太多了一點而已。

至於第二個理由，秦四爺也明白婁先生之所以肯送他這八千元的大數目，原因有二：頭一個是婁先生自己明白，他自己也曾中飽公款三萬元，這事老婁自己在看相的時候告訴秦四爺的。照理，老邢現在肯把以前舞弊的五萬六千的一半歸還老婁，老婁也應當歸還老邢一萬五千元的；由於秦四爺幫他的忙，他看出他的氣色只有進財並無破財，所以秦四爺勸他不必將這一萬五千元的款子退還老邢，所以老婁才肯把這八千元的大數目送給秦四爺的。

其次，老婁老邢在這販賣鴉片的事上都賺了不少的錢，而現在也統統都被秦四爺知道了，所以他們二人都願意送一筆錢給秦四爺的，但又怕秦四爺認爲這是一種分贓或有受賄賂的嫌疑，所以就利用這現成的八千元支票，作爲他們二人看相的潤例。又作爲彼此交友的見面禮，這可算是人情世故上的做法，因而秦四爺只好把它收下，若是不收，反覺不妥，好像嫌它太少了嗎？如果不收，那末老邢老妻二人也就不安了，因爲這販賣鴉片的事，隨時都可能被告發的，爲了彼此歡樂平安，這樣做是不錯的。

眞想不到，像這樣一件臨時進財的事情，竟然在氣色上就有顯著的變化，而被秦四爺的學生看出來，這眞是太奇妙的，秦四爺此時被學生一說，也覺得奇怪，姓褚的學生說他得了橫財「五千元以上」，而姓劉的學生也說「不出一萬元」，這八千元的數目竟然被看出，豈不奇哉！

於是秦四爺就伸手向自己的內衣袋中取出了一面小鏡子，自己仔細地照一照，看一看，接着，他就問學生說：「中午吃飯的時候，你們注意到了沒有，到底有甚麽情形？這原是臨時的，而我也只是暫時把它收下的，這氣色變得也的確是一種值得我們研究的價值。」

姓褚的那位學生就答道：「中午吃飯時，我們只注意觀察婁先生的氣色，沒有注意老師，但前兩天看到邢先生的氣色要破財的，曾發現老師有進財的預兆，我們卻不敢說，因為這氣色好像浮動不定的。」

接着姓劉的學生說：「剛剛我們來的時候，在路上正談到這個問題，因為我們二人中午對婁先生的相局作了一個共同的推斷，說他的相格比邢先生更厚重，此兩人也都是有財氣的人。不過，依二君的眼前氣色看，都有破財的氣色，邢先生破得多，婁先生破得少些罷了，破財是難免，二人只是破多破少罷了。」

「因為我們推斷邢、婁兩先生都要破財，所以我們在路上就談到老師的氣色來了。」姓褚的學生說：「我們認為老師的進財與這兩位先生有關係，因為在這幾天之內，老師和邢先生最接近，對他的相局很是詳細觀察，而今天又與婁先生觀相，而他兩位的相局以及前幾個月曾經合夥做了已經發財的生意，而今，他們二人有破財相，老師偏有進財相，這不明顯地與他們二人的破財有關嗎？」

秦四爺一邊聽聽兩個學生如此推斷，一邊對着小鏡子看看自己的氣色，微笑地點點頭，一面表示兩位學生相術確然有了很大的進步，而一面則暗喜自己有此進財的正色，總算這八千元的大款項可以進得的了。

「褚先生，劉先生，」老邢叫了一聲，接着就問：「請你兩位再給我看一看，我的氣色現在怎樣了？我的破財該破多少？以後還有甚麽不好的事沒有？」

姓劉的學生就細看老邢一下，笑笑地對姓褚的說「好奇怪嗎？完全變了！你看對嗎？」

姓褚的囘答說：「是的，變好了，我和你看法完全一樣！」

於是姓劉的就請示秦四爺，說：「老師，我可以直說嗎？」

秦四爺輕點其頭，說：「現在事情可說已經過去了，你無妨直說。」

姓劉的得了老師秦四爺的允許，於是他就對邢先生直說道：「邢先生，現在你雖然破財了，我們倒要向你恭喜的，如果你不破財，那末依前幾天的氣色看，三十天之內，你就會有非常嚴重的災難與牢獄之災的，而今，你這災難可以說已經沒有了，豈非一件可喜的事嗎？」

接着姓褚的說：「依我們的推斷，你現在已經破了的財，數目並不小，約在三萬元上下，但此款目前雖說是從你荷包裏拿出來，而實際上卻只是以前不應得的財，現在只是吐出來還人家，或是吐出來捐給機關裏去用的罷了。」

「至於以後還有甚麽不好的事問題，」姓劉的接着說，「因爲由於這筆財已經破了，當然不至有甚麼大事件發生，但因過去你所得的財不是最正當的，所以今後應當把那些錢財多用於有益事業或是不大牟利而於人有利的生意，那就不至於發生甚麼變故，這點是我們對你所看出的地方，也算是我對你邢先生一點善意的勸勉！

本來婁先生也要請兩位先生談談的，但因秦四爺有意不欲他們再談下去，所以看相之事就此結束，而所留下的乃秦四爺和他的兩個學生的事後「論相」問題。這事後的「論相」在他們看相的師生或同學中的研磨上，比之當時的「看相」更爲重要，所以他們師生事後必有論相之事。

過了幾天，秦四爺和姓褚、姓劉的兩個學生，關起大門在對老邢和老婁二人作一個事後的論相，對他們二人論相的結論，可分兩點來說。第一點，邢和婁二人的相格都是屬於「厚重」型，厚重型人大都有財氣，而且邢財氣不是勞苦而得，而是帶有幸運性質的。

就這一點說，邢婁的販賣鴉片，便是屬於幸運之類了。不過，厚重型人的第二點更重要。是一個厚重的正型的人，他對於幸運之事，常有「可遇不可求」的心情，他能「適可而止」，不會「貪而無厭」所以他們可能避災免禍。這就是說，厚重人雖也有幸運或冒險之事卻因其眞正厚重，不貪心，所以可得平安無事。

最後論到老婁何以不將中飽之財吐出來問題，秦四爺解釋說：「這就老婁本人比老邢厚重的結果，因爲厚重，所以對老邢舞弊五萬多元也不注意，也不像老邢要想謀殺賀某的狠心。所以最後的結論，厚重乃相中第一。」

二：畫家鄭石橋．客死異鄉命註定

前幾天在一個朋友楊先生家中鑑定了兩幅鄭石橋的作品。鄭石橋是一九五八年因腸胃病死於九龍法國醫院的。因爲我和石橋是熟人，所以楊先生請我去鑑別他的畫，原來這位朋友前幾天想買兩幅鄭石橋的山水畫，已付了定錢還沒有買定，要我去看看是否石橋的作品。

這位楊先生在上海時原也喜歡購買時人字畫的，因爲他是一個曾經發財的商人，雖然歡喜書畫，卻不能鑑定古人的書畫，而古畫假的特別多，所以他只買時人的書畫，爲的是不會上當，在上海時他也買過石橋的山水畫，也與石橋相識，但因對書畫的鑑別力不够，所以要我去看。

因爲看畫，席中有一個夏先生是浙江人，和第橋是同鄉，也是熟人，所以看了畫之後就順便談談鄭石橋的命運問題。據夏先生說，他是一九五四年來香港的，鄭石橋大約是一九五一年來的，那時，鄭石橋可以說沒有來香港的必要，因爲他是一個畫家，家中妻一妾，還有好幾個兒子，賣畫也可以度日，沒有必要離開上海的，但他不知何故，突然想要來香港，不久就來了。

據夏先生說，石橋之突然離滬來港，可以說完全是命運的關係，因爲他命中註定要客死異鄉的，關於鄭石橋的命運事，說來很是有趣的一回事。夏先生說，他是和鄭石橋有些親戚關係的，少時曾和他同在杭州讀書。

鄭石橋原是一個家道頗好的子弟，所以少時癖氣很不好，據他自己告訴別人說，因爲少時家人替他算過命，算命先生說他將來雖然妻妾同房，兒女繞膝，但恐有一天別妻棄妾，孑然遠走他方。當年因爲父母只有他一人，又見他幼年就怪癖了，深怕算命先生這話乃暗示他將來可能遯入空門去做和尙的，因爲他少時每每有暇就到和尙廟去玩。

因此，到了稍長，本來他是在杭州讀法政學校預備將來做大官的，而父母又怕他將來因爲做了官就不要妻子，或者因爲官場失意跑去做和尙也不一定，於是就決定不要他讀法政學校，只要他學習做杭州本地的生意，希望將來不要離開杭州，實際上他也不曾學做甚麽生意，只是在家中和店中遊手好閒，連閒事也不要他管，因爲家財是够他用一生養一家而不愁的。

鄭石橋在家中閒得無聊，自己就學起畫來。他對於畫似乎有些天才，不特喜歡學畫，也畫得不錯，於是他拜一個當時杭州的名畫家潘某學畫，後來又與潘女結婚，從此夫妻兩人同心合意致力於丹青，索性不務生產了。

不久他携了妻子來上海，一面賣畫，一面開舖授徒，在授徒中，他卻做了一個女弟子「入室」之人了。不是她成爲石橋的「入室弟子」，而是他自己成爲這位女弟子的「入室之人」。有一天女弟子要求公開師生戀愛關係，要求正式結婚，不甘作此不明不白的黑市夫人。石橋就和他的太太潘詠秋商量此事，起初潘氏當然不答應，而石橋卻拿少時那張命紙給潘氏看，說是這張命紙當年曾是作爲他們夫婦「合婚」的命紙，也曾經岳父大人看過的，命紙上批明「妻妾同房，兒女繞膝」，那有不許我納妾之理？潘氏無法，只好非正式的承認他在外納妾之事而自己氣在心裏。

一面他又偸偸地把那位黑市夫人的八字拿去算命，算命的說：這女人的命只合爲妾，不能作人的元配，因爲八字上她的姊妹得力，而自己卻是無根之草。因此石橋暗下自喜，認爲這問題極易解決，只要使她自己去算命，一相信命運，這問題就容易解決的。

於是有一天他就對這位黑市夫人說，他願意和她正式結婚，但結婚需要選擇一個吉日，要黑市夫人自己去請算命先生擇好吉日然後發帖舉行結婚。那位原係學生的黑市夫人當時只是一個十幾歲的女子，好容易就聽了石橋的話跑去命舘裏去擇吉結婚。去的時候，鄭石橋把自己的命紙交給她，也叫她把自己的命紙一道帶去，囑她先把她自己命紙交給算命先生算一算，而且要設辭說這命紙是別人托她代算的，不是自己的八字，看看算命的怎樣說。

黑市夫人跑到命舘，就依他的吩咐，把自己的命紙交給算命先生去看，說這張命紙是表妹的，人在鄉下，托她替算，最近要結婚，請問那一天是吉日良辰。

算命先生接過命紙一看，就問：「小姐，這張命紙你確實知道是你的表妹嗎？有沒有拿錯了呢？」

「沒有，」她答說：「這命紙是我表妹的命紙，並沒有拿錯。」

算命先生接着又問：「你和這位表妹多久沒有見過面了？你知道她最近的情形嗎？」

看那算命先生問話的神氣，雖然其中有甚麼問題似的。因此，這位年紀不滿二十歲的黑市夫人，只好也勉强說些假話了，她說：「因爲她在鄉下常常生病，沒有到城裏來，所以我和她有好久沒有見面了，但她現在是在鄉下，我是知道的。」

於是算命先生就說：「小姐，請你原諒我，你這命紙如果眞的是你的表妹，我只好就命談命了，有甚麽不好聽的話，請你原諒我，也請你自己酌量，不必都告訴她。」

算命先生對此種情形是有經驗的，他知道這張命紙很可能就是她自己，所以他還是婉轉地說：「這位小姐的命是很好的，所可惜的她不是元配的命，這是美中不足了。」

算命先生才說過這一句，黑市夫人便截着問：「不是元配是甚麽？是塡房嗎？是兩頭大嗎？」她自己明明知道不是塡房，因爲鄭石橋的太太是活着，她自己只是外室的地位；但她滿心只想能够做「兩頭大」。

所謂「兩頭大」，在舊時代裏原有此種辦法的，那就是一個男人討兩個太太，不分大的小的，此種制度大都由於這個男人是兼祧兩房，如長房無子，二房的獨子便要兼祧兩房了，兩房爲着人丁太薄，便要這兼祧的兒子娶兩個妻子，結婚時就公開宣佈那一個是長房的媳婦，那一個是二房的媳婦，將來那一個媳婦所生的兒子就算是那一房的孩子的，還有一種如甥立舅嗣，那是兼祧兩姓，更通常採取「兩頭大」做法的。

這位黑市夫人因爲從前聽見鄭石橋說過他鄭家丁薄，自己是兼祧兩房的，所以她滿心在想做兩頭大。現在聽到算命先生說她的命不能做元配，因而就希望能做兼祧兩房的二房媳婦，不至於做鄭石橋的妾侍，就心滿意足了。

但是，算命先生卻對她搖搖頭，說：「就你表妹這八字看，既不是塡房，更不是兩頭大，恐怕只是一個側室而已！」

「側室？」黑市夫人不服地說：「爲甚麼她只是側室的命呢？我知道她是不肯做側室的，你爲甚麼偏說她恐怕只是側室呢？如果她是側室的命，我想她一定不肯嫁人的；你說她不嫁人可以嗎？她要我代問的也是這個問題。」

算命先生偸偸看了黑市夫人一眼，便微笑地說：「不是我偏說她只是做側室，而是她自己的命只配當側室的命的。」他又解釋說：「好在她的夫身對她還有利，所以她就是做人的側室還見得寵的。」

「得寵不得寵還在其次，主要的她不肯當側室，」黑市夫人說了之後似乎有些不高興又似乎等待算命先生替她做一個答覆，算命先生看看情形似乎不如痛快地把它說穿了還好，於是他就以堅定的口氣說：「依我就她八字看來，令表妹似乎木已成舟，已經做了人家的側室了，也許你和她許久沒有見面，還不知她的仔細，我想，她現在才叫你來算命，恐怕不是要問別的，只是她要知道自己的命到底是否只合做側室。」

說到這裏，黑市夫人也只好見風轉舵地轉了一個彎，向算命先生請教說：「是的，不瞞先生，你既然把她的命看準了，我也可以向你直說了，她的確已和一個有婦之夫同居了的，但因那男人是兼祧兩房，她希望能做第二房的兼祧媳婦，你看她的命運辦得到嗎？」

「辦不到的，」算命先生堅決地說：「因爲她的八字姊妹比她本身强，所以她只合爲妾侍，不合爲元配。『兩頭大』是元配的命格，而令表妹不是元配的命格，所以我敢斷定，連兩頭大的第二房媳婦都做不到的。」

黑市夫人聽到這裏已經無話可說了，但因爲她年輕氣盛，她對此命運甚不心服，她離開這家命舘之後，又走入另一家命舘。此次她不再算自己的命了，她把鄭石橋的八字給算命先生，說要看這個男人的命運，今歲流年如何？有無甚麼吉凶休咎重要的事。」

算命先生把鄭石橋的八字一看，就說：「此君徒有虛名，而無實位，現今有一妻，一妾，二子，將來尚有三子；但他年卻不得妻妾子女送終，可惜，可惜！」接着又說：「至於今歲流年問題，看來不至於有無特別吉凶休咎之事，在平平之中，家庭難免有些不睦之事，不過，過了這一個半月的日子，家庭不睦的瑣事就會平息的，而妻妾之間也會和睦相處的。」

黑市夫人就問：「請問先生此人是兼祧兩房的，他何時有兩頭大之事呢？」

「兩頭大？」算命先生懷疑地說：「此君雖然確是兼祧兩房，但他的命運卻沒有兩頭大之事，一生也只有這一妻一妾了的。不過他的妻妾將來都還有子的。」

黑市夫人又問：「如果他要立兩頭大的話，是否可以呢？」

她滿心希望算命先生能說「可以」。但是，失望得很，算命先生卻堅定地答道：「不可以的！第一、因爲他命中只有一妻一妾，沒有兩妻同室；第二、他的元配目前已生了兩子，已經可以分別立嗣兩房了，依照俗例，沒有再立兩頭大的理由了。」

這一下，因爲算命先生說的理由太充分了，黑市夫人聽了未免太失望了。立即她臉一紅，眼睚一潤，就走了。鄭石橋的一妻一妾的糾紛也從此解決了，鄭石橋也從此更相信命運不特自己可靠，也可以用以解決許多難題。

記得當抗戰在上海爆發後不久，因爲在戰時字畫家，可說是百業之中最無出路的一途，誰在炮中去買字畫欣賞呢？因此，當時很多書畫家都改途謀生，鄭石橋當然也不例外。但是，改途似乎比創業更難，他除跑跑商場外，似乎也混不到一個食飯之地。不久，他由朋友介紹認識了一位精於算命的唐先生，他原是在汪政府裏做事，鄭石橋原是相信命運的人，聽見唐先生是精於命理，就請唐先生替他看看八字，問自己的運途到底幾時可以轉好。

唐先生把他的八字看了之後就對他說，依他的八字看，今年有官運，而明年又有牢獄之災。鄭石橋不相信自己會有官運，就不注意，但牢獄之災當然是誰都懼怕的，他就問這牢獄之災的情形如何？他自己相信，他是一個畫家，年來因爲世局轉變雖然在跑生意，也不會有成就，也沒有做過甚麼犯法之事，平日也不肯得罪於人，不會有牢獄之災的，但唐先生卻說他明年有九個月的牢獄之災，雖然並沒有甚麼十分嚴重，而九個月的時間也不算太短了。

當時是抗戰的第三年，就上海一地說，所謂牢獄之災最怕的是被日軍憲兵隊抓進去，那就太有苦頭吃了。因此他想，如果明年眞的要坐牢吃官司，那就要打算離開上海到內地去，也許「易地爲宜」可以避去這災難，縱是避不了，在內地吃官司無論如何比在日本仔手下吃官司好得多，於是他就打算離開上海到內地去。

然而，當時要去內地是何等不容易的事；第一、交通不便，旅費鉅大；第二、內地因世局動蕩，不特謀生不易，連住宿都有極大困難；第三、他要走必須與家人同行，因爲他一向沒有個人離家過，當此戰時更不能單獨離家；第四、在日本仔治下，要進入內地，取得通行證是最大的難題。因此，有一天他又跑去請教唐先生，把自己要到內地的理由和困難告訴他，要他指教兩件事：

第一件事就是他明年是否一定有九個月的牢獄之災，如果避不過去，他就決定到內地去，要吃官司到內地去吃，不願吃日本仔的官司。第二事，因爲唐先生是在南京汪精衛政府下面做事，要他幫忙通行上的便利，俾可在明年春季裏全家到內地去。

唐先生對他說，依八字看，明年立夏之後必有爲時三個月的牢獄之災，萬難幸免，但是，看他的八字，今年到明年春天又沒有驛馬衝動的現象，似乎內地去不成。至於唐先生到底有無辦法幫助他通行的便利問題，唐先生曾告訴他說，可能對他有幫助，但要他先決定甚麼時候要走，同時要取道甚麼地方，然後才去想辦法。

鄭石橋雖然是一個相信命運的人，命運告訴他內地去不成，他本當安命才是，然而，爲着怕在上海吃日本仔的苦頭，他又想盡人事設法到內地去，當時由上海要進內地，最通常的有兩條路好走：一條是取道蘇州，進入太湖，到了彼岸就是內地，但此路頗有困難，因爲橫渡太湖頗不容易，湖中既有湖匪，岸上也有土匪，而日本仔也常在那裏開火。

另一條路則是取道杭州，進入金華，就是抗戰的前線。這條路有火車可通內陸，路上也沒有土匪，同時因爲他是浙江人，在杭州也住過一個稍長的日子，人地都熟悉，於是他決定取道杭州。這樣決定之後，他就去請托唐先生替他幫忙，在杭州方面能够給他方便之處。

那時候鄭石橋是從上海跑去南京找唐先生的，他想等唐先生有辦法幫他的忙時候，就回上海把自己所有的畫都托人賣去，還要向戚友求助一些旅費才能成行的，他也把此事請唐先生再看看八字有無成行的可能，這籌款之事也非同小可，更要看看最近能否籌到款子。

很奇怪，當他去南京看唐先生那幾天，正是唐先生有個好友也是浙江人姓傅的，原先是留學俄國的，在進行去當僞府的杭州市長。這位市長名叫傅勝藍，他原是抗戰的地下重要人員，前年在青島被捕，後來解到南京又解到上海，經過了汪精衞政府的幾個訓練之後，現在想派他去當杭州市長了。因爲傅勝藍原是抗戰人士，當然同情要去內地的人，而唐先生認爲，鄭石橋又係浙江人，與傅是同鄉，現傅在去杭州當市長，當然可以想法幫鄭石橋的忙的。

果然三人經過幾度面商之後，傅勝藍只能答應儘量幫忙的原則，因爲他不知到任之後到底是何情形，說是要等接事之後才能看出採用何種方法幫忙的，剛好那時候傅君發表爲杭州市長之後，因爲杭州地處抗戰的前線，許多人都不願意去杭州做事，而傅君自己是被捕而來的，當然也找不到心腹來幫忙，所以市政府的教育科科長一缺，還沒有人肯任此職，說是自己以市政府教育科長的身份，當然更利便於計劃他日怎樣進入內地之事。

這話當然是有理的，鄭石橋原只想先到杭州然後想法進入金華，現在竟然意想不到地能夠以市政府教育科長的地位去杭州，當然對於自己的計劃只是有利而無害的。同時他想，也可以利用這機會，在杭州舊地重遊中結識一些可通內地的人物；也可以在杭州賣出自己的畫，這些款子，這不是大好的機緣，求之不得的事嗎。於是他便跟隨傅勝藍去杭州當起杭州市政府的教育科長去了。

一當起教育科長，在官言官，一切也很順利，到了第二年春天，他似乎對本年的牢獄之事不太關心了。他想，自己既當了市政府的教育科長，也不營私，也不作弊，教育科長原是清高的，絕對不會有甚麽犯法之事的，當然不至於有甚麽牢獄之災的。

一月一月過得很快，由秋到冬，由春又到夏。有一天他坐在科長室閒得無事，突然想起自己這科長實在來得太意外，一個畫家變爲教育科長豈不意外嗎？因而記起去年唐先生替他算命時，曾說他「今年有官運，而明年又有牢獄之災」的話，「哎啊，唐先生這話不是已經應驗了一半嗎？」他想。

鄭石橋一想到這裏，不覺跳起來了，趕緊去看案頭日曆，立夏已經過了五天。「立夏！」他恍然記得很淸楚，去年在南京看到唐先生時，他不是對自己說過：「依八字看，明年立夏之後必有爲時三個月的牢獄之災」這句話嗎？

於是他立即寫信給南京唐先生，說現在已過了立夏五天，自己也還很順利地當這市政府的教育科長，就過去的情形看來，相信不會有牢獄之災的事發生的，不過記起去年在南京時你曾說過明年立夏之後必有牢獄之災；又記起去年上半年在上海時，你曾說過去年有官運，現在官運已經應驗了，但不知牢獄之災之事如何？

過了幾天，他得到唐先生的覆信，斬釘截鐵的對他說：「立夏之後十五天之內，定有牢獄之災，愼之，愼之！」

鄭石橋本是一個畫家，膽子很小，原來他是計劃取道杭州避去內地的，不意被傅勝藍所說服，想利用當這敎育科長作爲取道金華的過渡，那知一當起科長竟然把這事忘記了，現在大難當前，將如何是好呢？

當晚他跑去和傅勝藍商量，也把唐先生的信給他看，傅勝藍說，看情形不會發生此事，就有甚麽事發生，他以一個市長的地位，也可以擔保他無事的，就勸他不必聽唐先生算命的話，庸人自擾，但他要求傅勝藍准他由明天起請假十天，他想躲開這科長的職務十天，過了這十天也就是過了唐先生所說的牢獄之災的日期。

本來傅勝藍勸他不要請假的，因爲傅勝藍明天起要到南京去幾天，市長公出期中，希望科長不要離職的，但鄭石橋不聽他的話，第二天仍然向市長請假十天，說是有病在家休養，既然請假了當然也無所謂。但是，鄭石橋躲在家裏，越想越怕，他認定唐先生既敢如此堅定地說他必有牢獄之災，那絕不會空口說白話的，只是不知這牢獄之災將如何發生罷了，他在胡思亂想，越想越怕的情形下，就暗中差一人打聽金華的路上情形，那是鄭石橋心中有了打算，如果在這幾天內若有機會進入金華，他就趁此請假的機會逃入內地去的。

那人去後沒有幾天，有一天夜裏有人來到鄭石橋家中要找他，說是有信件需要面交。鄭石橋叫家人問那人是誰派來的，那人所報告的姓名原來就是他前幾天所派去打聽路線的人，於是鄭石橋就出來客廳接見那人，那人遞出一封信，這信是派去那人的親筆字，說是卽刻隨來人到湖濱旅館一談。他一看這信，知道這是關於決定啓程的日期和路費的數目以及引路的人見面之事的。

這些事是當時要想進入內地的人，本人需要當面商談妥洽的，所以鄭石橋連夜就跟着來人出去，在門口登上了那人的汽車，向西湖邊的湖濱旅館進發。汽車在黑夜裏走，鄭石橋坐在車裏面想像向金華進發的樣子，那想得到，汽車一回停下來了。他似乎覺得這地方不是湖濱。下車的時候，他才知道原來不是開向湖濱旅館，而是來到日本憲兵隊部。

原來那人去打聽偷往金華的路線，和游擊隊方面有所接觸，被日本憲兵隊逮去了。一查，原來是替市政府教育科長鄭科長搭線的。再一查，鄭科長這幾天也正是請假躲在家裏，憲兵隊派人密查鄭科長請假在家，並沒有生病，於是憲兵隊就把鄭石橋抓去了。後來由市長傅勝藍向日本憲兵隊說明，鄭石橋並無通敵之事，只是有想避家內地之意。於是憲兵隊把他移交給上海汪政府的特務機關卽著名的李士羣主管的七十六號。好在鄭石橋眞事實只是爲着逃避牢獄之災，並沒有與游擊隊聯絡，所以首尾吃了三個月的官司就出來了。後來他見到唐先生，見到凡是知道他吃過官司的人，都訴說這次吃官司的奇妙情形，爲了避免牢獄之災，反而就在這上面發生了牢獄之難，而且發生的時間和坐牢三個月一點也不錯。

後來鄭石橋又在上海賣畫，抗戰的後期，上海經濟情況好轉，做生意的人做得好也都能發些小財，發大財的也不少。淪陷區和內地一樣商人本領大，在內地的，財可通官，在淪陷區的，財可通敵，在三不管地帶的，那更是容易，既一面可以通官，又一面通敵，敵我不分，有錢可賺就是，這也就是所謂「國難財」了，那時上海新興的暴發戶，不得不冒充紳士，標榜風雅，於是國內時人的字畫，一時大行其道，賣價也不錯，當時鄭石橋的畫，也在上海走了一個小運。

可惜好景不常，接着抗戰勝利，很快，上海就陷入經濟大紊亂局面，金圓劵貶值，不久，中共戰起，家園變色，上海被「解放」之後，勞動世界誕生，苦力帶頭，文人尤其是畫家，似乎只有「坐而待斃」毫無生路可走了。

共產黨來到上海之前，上海人有錢、有眼光的，早就逃到外國去了，共產黨來了之後，情勢使人看得可怕，於是不論有錢的，無錢的，只要有機會，能夠取得去香港的通行證，沒有一個不存着「就是一路求乞，就是到了香港睡在路邊，也要去香港的」心情的。

於是「人同此心，心同此理」，鄭石橋並不「靜極思動」，而是「窮極思變」，他也想離開上海去香港的。

去香港，誰也都知道是談何容易的事。第一行糧，第二坐糧，第三通行證，第四香港熟人。而鄭石橋呢？有行糧，無坐糧，有通行證，無香港熟人，因此他對於去香港的事又不能不猶豫了。然而，雖然他沒有坐糧，香港也沒有熟人，這是第二步之事，第一步的離開上海，既有了行糧又有辦法取得通行證，就不能阻止他的決意。

當時上海有不少人離開上海去香港的，這些人也可以說，大都和鄭石橋是同樣的情形，就是先走再說。不過，也有人因為不能應付共產黨的監視，或是定購了由上海去廣州的火車票而不能成行，有的到了廣州而被扣留又押回上海的。因此凡是去香港的人，大都懷有僥倖的心情，而把此事付諸命運去決定的。

因此，當共產黨剛到上海的一年中，上海的百業可以說都蕭條得可怕，奇怪的有一事，就是在這全國第一大都市的上海，在這百業蕭條中，而一枝獨秀的，並不是唯物主義的事業，而偏是唯心主義的算命看相。俗語說得好：「富燒香，窮算命」，到了窮困走頭無地的時候，於是去問相看相，還有甚麽更好的辦法呢？

於是鄭石橋也不例外，他想去算一算個命，看看香港去得成不成，鄭石橋本來是一個相信的人，他也知道當時上海算命先生是誰生意最好，就是林森中路卽從前法租界霞飛路「張燮堂」命舘，聽說都是每天客滿，只限上下午掛號二十人，多則留於第二日。

有一天，杭州有個老友沈君來看他，說是要去香港，特意來看他，與他話別，因爲這時候打算去香港的人，大都不打算再回來故鄉的，所以凡是好朋友，總是儘可能話別一下的，鄭石橋一聽他要去香港，就和他商量打算和他同行，一則路上有伴，二則這位朋友香港有熟人，那末鄭石橋雖然香港沒有熟人，若能和沈君同行，一到了香港，沈君的熟人不就是自己的一個半熟人了嗎？

沈君原也是一個相信命運的人，他說去年他在共產黨還沒有到杭州的前幾個月曾去算過一次命，算命的說他明年秋必定要拋鄉離井到別的地方。到了共產黨到杭州不久，提出「回鄉生產」口號，實行疏散都市人口，他怕被疏散回鄉，就再去算命，但，算命的雖說他不久就要離開杭州，卻不是要向東南行，回到紹興鄉下，而是要向西南行，去別的地方。當時他不相信這算命的話，認爲絕無此事實，因爲共產黨要杭州人在「回鄉生產」的政策之下回到故鄉的，他的故鄉是紹興鄉下，是在杭州的東南方，不在西南方，那會被疏散去別的地方呢？

結果的事實如何呢？首先被疏散回鄉的大都是無職業的閒民，當時沈君還有生意做，所以未曾波及，於是他就趁這機會打算去香港，前兩月他曾來上海辦貨，順便也去張爕堂那裏去算一次命，張爕堂說他的驛馬已動，所去的方向是上海杭州的東南方，說他香港之行可成。

果然，他就回返杭州去申請前往香港，竟然並沒有甚麼困難就請准了，通行證領到了，前幾天由杭州來上海，今天買到了廣州的火車票，所以特意來辭行並話別的。

沈君自己是以逃難的姿態去香港的，當然也希望多得一兩個熟人同行，所以他於鄭石橋要和他同行一事表示歡迎，但他立即建議和鄭石橋先生去張孌堂那裏算命去，看看驛馬動了沒有？路上是否一切平安？此事在沈君是一件為自己利益打算的事，因為他要知道算命對鄭石橋的說法如何，會不會一路平安，會不會累他，在路上出毛病。

為甚麼沈君有此過慮呢？後來沈君才告訴鄭石橋的朋友，因為他是鄭石橋的老朋友，早曾聽說，鄭石橋的命是「客死異鄉」的，他怕鄭石橋一到了香港會累他的。

鄭石橋對沈君的建議當然贊同，馬上就偕沈君兩人就趕到張孌堂那裏算命去。那天因為掛號已滿了二十號，不得已就掛了一個特別號，提前先算。按掛特別號的規矩，只能「問事」，簡簡單單說幾句話的。於是鄭石橋報了八字之後，就問，在一星期之內，打算去香港，成不成。

張孌堂算命先生是一個瞎子，他聽了鄭石橋這樣問，屈指一算，就說：「不成，驛馬沒有動，一個月之內走不成，要等過了立秋，才有希望。」

「張先生，」鄭石橋說：「我一切都預備好了，剛巧也有好朋友同行作伴，決定在這幾天之內就要動身的，你也知道現在領通行證是不容易之事，我的通行證是託人說妥了的，只是到廣州去的火車票還沒有買，只要每日早些派人去排隊，也不至於買不到的，預備三五天的時間，買到那天就那天動身，你看可以嗎？路上會有甚麽問題嗎？」

「我說的倒不是路上有甚麽問題，而是驛馬沒有動，論理是走不成的。」張燮堂聽了鄭石橋的口氣，似是事在必行的樣子，因而解釋並安慰地說：「不過，依你的八字看，你今年立秋之後是會動身的，而且確是向南方走的，香港之行當無問題，爲了順遂起見，最好等到立秋之後走，那就一順百順了；否則，總難免有多少不順的。」

鄭石橋接着說：「現在距離立秋也不過一個月的日子，既然一個月之後驛馬也是向南行，那末提早一個月，也許沒有問題的，我只怕路上有何障阻，請你給我看看，在這月內動身，路上會有甚麽痲煩沒有，如果沒有，那末，我就決定和這位同行的朋友一道走，找熟人同行並不容易，所以這可以說是一順之事，希望也一順百順的。」

張燮堂一面微笑，一面在屈指，說：「因爲你驛馬沒有動，當然不會在路發生甚麽事，如果你一定要走，也要等過了七天，因爲這七天內你有些晦氣，過了這晦氣的日子之後動身，就比較好些。」

但是，鄭石橋因爲急於離開上海，又必須在最近幾天內成行，因爲那位朋友是已經買好了火車票的，因此他就決定和朋友同行，而這位朋友看見張燮堂沒有說鄭石橋旅途有何不利之事，就也樂意和他同行了。

既然決行，領取通行證是第一件事，購買火車票是第二件事，於是鄭石橋即日就去申請往香港的通行證。因爲他是一個畫家，在上海是不生產份子，原在疏散之列的，同時又是申請一個人去香港的，所以第二天就獲准了。

於是第三天起他就叫自己的兒子在北四川路底一個專門發售隔日火車票的地方排隊候購。但是，那時鄭石橋是住在滬西愚園路附近的一條橫路上，由他那裏去北四川路底，要先坐無軌電車到靜安寺，再換坐有軌電車去虹口花園的，路上要花大約一個鐘頭的時間，而當時候購火車票的人，大都是在票房門口馬路邊過夜，第二天才能排上隊買得到票的，這樣一來，鄭石橋的兒子，連跑三天還買不到火車票，那位朋友當然不能等他，獨自先走了。

晦氣，張燮堂說鄭石橋在這七日之內有晦氣，果然累了兒子空跑了幾天買不到火車票，而自己以及一家人也空空爲了動身事跑了幾天，忙了幾天。同時，當時通行證的有效期間只限二十天，距離立秋之後的日子則還有三十多天，這通行證又需要早些托人請求延長日子，這又是一件相當麻煩的事。到此時，鄭石橋對張燮堂算命的話不能不相信了，他說在一個月內走不成，果然去不成，還敢不信嗎？

爲着要向公安局申請更改有效時間，不能不先自己決定何日有把握動身的日子，而這日子自己既無把握，似乎只有請問張燮堂了，於是過了兩天他想再跑去林森中路找張燮堂，除把前次算命的情形向他敍述外，請張燮堂算算看立秋之後大約何日可以動身，他好在公安局申請通行證改期若干天，免得一誤再誤，就會請不准的。

那天鄭石橋又找了一個朋友也是打算去香港的，一道去算，他自己因爲上次不聽張燮堂的話，不好意思再和張燮堂面談，預備自己不開口，由朋友代問，說明這是以前若干天來這裏算過的，果然因爲買不到火車票沒有走成，現在請算算看幾時一定走得成，並說明今天本人有事不能來，託向張燮堂先生致歉意，因爲沒有聽他的話。

張燮堂知道不是本人來問，就對那位朋友說：「是他甚麼人？」

朋友答：「是朋友。」

「你又知道他此次去香港是他個人走呢，還是一家人一齊走呢？」

那朋友當然據實答道：「我知道他是一個人走的。」

「你可以勸他和家人一起走好嗎？」張燮堂說，「走，他這次走是走得成的，但最好能夠和家人一起走，因爲他的年紀雖然還不大，而就現在的情形說，一去香港，就不知何時能回來的；而且他的晚運也並不太好，所以如能和家人一起走，有家眷在身邊總是好得多的。」

瞎子算命這話中的意思，那位朋友是聽不懂的，但鄭石橋自己是聽得出的，因爲他以前算過命，算命的都說他將來要「客死異鄉」。於是他自己就對算命先生說：「張先生，我是他的親戚，知道從前有算命先生說他到了老年晚景欠佳，而且要客死異鄉，你剛才所說的要家眷一道走，是否就是這個意思？」

「是的，依他的八字看，他是晚年要遠走他方的。」算命先生聽見又一個人說是他親戚出來問話，這情形是算命先生所常見的，這人大概就是本人，所以瞎子張燮堂說話就不能不婉轉一點了。

他又說：「這並不是說他的命不好，客死異鄉的人很多，而且大都是有作爲的人，他們是以天下爲一家，無所謂家鄉，只要有家眷在身邊，家在那裏，也就算是『壽終正寢』，就是好命了。」

鄭石橋知道這裏還有問題，因而他又問：「我知道他此次只一個人走的，不過他一到了香港就預備把家眷接去的，你看他打算成嗎？家眷接得成嗎？」

「如果等到了香港才來『接』家眷，則不如我說的現在就『帶』家眷走比較更爲可靠，」瞎子解釋說：「因爲此次去香港，可以說是他這一生最後一次的離家遠行，今年他已是五十七歲了，想他一到了香港不再打算囘來的，如果此次不能携眷同行，那末所謂『接』家眷，恐怕是辦不到的事，要去，那就是家眷自己去。」

「是的，他打算自己個人先行，在香港佈置好一切，然後叫家眷跟朋友就去。」鄭石橋又問：「有的算命先生說他將來去世時，親人不在身邊，你看對嗎？如果他的家眷明年去，去得成嗎？如果家眷在身邊，將來百歲時候，親人會送終嗎？」他對此次去香港，因爲人地生疏，心中的確盤踞着這個問題，需要問個明白的。

瞎子張燮堂告訴他說，依鄭石橋的八字看，這次是一生最後一次離家，再依他的結局看，的確也可是壽終時親人不在身邊；不過，所謂不在身邊，有兩種情形，一種是兩相離別，不能親視含殮，有的只是斷氣時不在身邊，斷氣前後還是在身邊的，所以只要他能把家眷一起帶走，那就不會有此情形了。

鄭石橋最後又問到，家眷何時由上海動程最爲合宜，這是他似乎考慮到因爲旅費問題，本年之內是行不成的，他又問自己到了香港之後情形如何？

張燮堂告訴他說，家眷動身的日子，最好是在明年立夏之前，否則沒有驛馬動的現象，雖然勉强也可能走得成，但有許多痲煩之事，如果明年立夏之前走不成，則在五年之內走，也還可以享到家人團聚之樂。至於他到了香港之後情形如何，算命的說他可能比在上海好一些，但不會太有理想的日子，算命不說他來日無多，卻只說他老景不甚如意，加以香港人生地疏，自然更不方便的。

因爲算命談過家人最快要在明年立夏之前，最遲要在五年之內，還可以享受家人團聚之樂，這顯然與自己的壽命有關，因而他就問自己的壽數問題，算命的說，他今年已是五十七歲他的壽命應以六十四歲爲一關，積德延年可到七十四歲或七十六歲。

當時，鄭石橋以爲香港是一個商業地區，而且他知道上海有許多有錢的人都在共產黨到滬之前跑去香港了，以他的畫藝論，到了香港總是比困在上海有希望有做法的，他自己也相信這一次離開上海是沒有機會再囘去的，但所謂「客死異鄉」，他本係杭州人，就是不離開上海，將來老了也不會囘到杭州去死，而且杭州早就沒有故鄉了，那末死在上海和死在香港或其他地方，一樣都是客死異鄉的。

不過，有一個問題，就是家眷是否在身邊問題。當時他想，他自己此次既可領到去香港的通行證，那末，最遲過了年他的家眷也要走，通行證當然不至於有問題，至於旅費，他以爲到了香港，如果能夠開一個展覽會，賣一些畫，籌一些旅費寄回去，諒也不至於有甚麼十分困難的，於是，他就決然和家人作別來到香港了。

然而，情形眞是出乎意料之外，鄭石橋到了香港之後，一籌莫展。最初由一個同鄉也是朋友的關係，寄住於荔枝角的荔園遊樂場裏面，根本就無法寫畫。他所認識的幾個上海的有錢人，來了香港之後，不是買地皮就是炒金，對他也不肯助一臂之力，本來他想開一個展覽會的，雖然他的山水畫在上海不是第一流卻也是第二流的，在香港無疑是第一流的了，如果能夠開一個展覽會，不至於賣不出的。

但是，在香港開一個展覽會也不是一件太容易的事。在上海，他家裏有的是宣紙和上等的筆墨顏料，在香港，這一切也都要重新購置，這些小資本倒也不是十分難籌，而更難的還有兩個問題：一個是畫室問題，沒有一間有光線的房子是不成的，而當時房租高昂，一時租不起合用的房屋。第二，畫好還要裝池，估計二三百幅的畫件，裱裝費最少也要二千元，這又從何出呢？

這問題若在上海是不成問題的，因爲上海幾家裝池老板都是熟人，他們也都相信鄭石橋的作品是賣得出的，裱工可以欠賬，等到展覽會開時付款是不成問題的，但在香港，聽說開展覽而賠錢的是常事，裱店不能欠賬，需要付現。

再有一個問題，在上海，人地熟悉，開一個展覽會，就是「打秋風」也打得起來，收得像樣，在香港這人地生疏的情況下，當然是打不起秋風的，香港的欣賞國畫，在十數年前風氣尚未開，若不靠打秋風，賣人情，開國畫展覽會包你連租用畫廳的費用都攞不回來的。因此鄭石橋的開展覽會計劃根本就做不起來。

本來在上海動身之前，鄭石橋也只打算把他的那位由黑市夫人變爲明市夫人及其所生的兒子接來香港的。母子兩人的旅費也不太大。因爲算命先生說他的家人要走就要在明年立夏前動身，因此他既然看準了展覽會開不成，就寫信回去，叫他的太太把他的舊畫賣掉，趕於立夏前動身，因爲依他所聽得算命先生的口氣，好像若不在立夏之前動身，恐怕就走不成的樣子，因此，他除寫信囑家人把舊作品賣掉之外，也向此間一二親友湊了一些款子滙回去湊數的，但是，想不到，家裏的舊作品一件也賣不出，而滙回的款子又移爲家用了。

這明明是命定的了，旅費無着，鄭石橋在上海的妻子二人當然行不得了，立夏過了，鄭石橋接到家書，說是她們無法趕於立夏之前成行，但仍希望能夠成行。

此時鄭石橋又記起瞎子算命張燮堂也曾說過，在五年之內也還有家人團聚的希望，他想，如有五年這麼長的歲月，他總是有辦法籌足母子二人的旅費的，於是他就逼不得已也去幾家做洋裝生意的所被稱爲「畫店」當畫手，當時這些畫店的畫手，大都是由大陸出來的智識分子，半路修行去當畫匠的。依當時的工價，每幅小的二三元，大的也不過五六元。而鄭石橋的畫家筆法，被稱爲「意筆」，而洋裝畫時行的是所謂「工筆」而且要顏色濃厚，所以他連降格去當畫手也還不得其道。

這樣一來，一年又一年地過去了。後來又碰上上海的「三反五反」，鄭石橋籌足了一筆款子寄到上海，而一因「三反五反」的關係，二因靜安寺公安局裏人事更動關係，家人雖然有了旅費，卻又打不出通行證。就這樣，他從一九五二年來到香港，直到一九五八年的六年時間過去了。前一年他聽到了上海來的消息，說他的太太已經去世了，而他第二太太，也就是那位黑市夫人，也已琵琶別調了。

知道鄭石橋的人，背後都在談論此事也同情他。那兩位朋友先後和他一起去算命的，談起張燮堂說他「客死異鄉」之事時，莫不嘆息命運支配人生未免太慘了。因爲他命中不特是「客死異鄉」，還是「死時沒有親人送終」，他於前一年得知上海家庭的大變故之後，他也明白自己命運是够苦的了，因而一九五八年就病倒了，而且死於九龍法國醫院裏，由在港的幾個學生和朋友替他辦身後事。

更奇怪的，自鄭石橋死後，有幾家所謂「畫店」的老板，出來收買鄭石橋的作品，本來一張只買五六元的，起先用十五元收買，沒有幾天，大家知道鄭石橋已去世了，畫價陡然起漲，每張由五十元至一百元。過了幾個月，有人知道鄭石橋的山水畫一張小中堂在美國可售美金一百至一百五十元。現在在港每張也當售港幣三百元，如果在鄭石橋剛來香港時只要有現在的半價，他也不至於妻子不能在身邊送終的，這不是命運是甚麽呢？

三：半個時辰・兩樣命運

一九三七年卽中華民國二十六年，也就是抗戰爆發那一年的夏末之時，上海戰事剛剛爆發的時候，日本海軍在上海虹口登陸，旗艦「出雲」號泊在上海外灘虹口公園附近黃浦江中，當時上海是各國的公共租界，中日戰事雖然劇烈，而虹口地區與華界地區的中間就是這公共租界，所以住在租界的人，不特若無其事，而且還有「觀戰」的便利，頗有「隔牆觀火」的興趣。

那時由於租界的安全，華界的住民，儘其財力上的可能都向租界遷移，因此，那時租界裏的人口突然陡增，街上行人如蟻，因爲大家在此戰時無事可做，只好去擠馬路看熱鬧，湊熱鬧了。

有一天下午，路上正是遊人如過河之鯽的時候，上海中區最大游樂場的「大世界」門口的馬路當中，突然隆然一聲，震動了全上海，原來從天空丟落一個五百磅的炸彈。先是聽見飛機的聲音，這是大家都熟聞的，是中國飛機去炸出雲號的，幾乎每日都有，但都沒有炸中。那天外灘一帶也同樣有很多的閒人在那裏觀戰。中國飛機一架從滬西天空出現之後，急向黃浦江上衝。接着聽見出雲號上發射高射礮的聲音，隨着飛機回航，但只有幾秒鐘，這震動全上海的隆然巨響就聽到了。

炸彈就落在游樂場大世界的門口馬路當中，原來是中國飛機被高射炮擊中，炸彈架損壞，炸彈脫架落下來。那一段路面是上海最寬濶的路面，是紅綠燈的地點，是愛多亞路和西藏路的交义處，行人最多，所以一個僅僅五百磅的炸彈，死傷竟近千人。

在大都市中發生血肉橫死之事，這當是中國的第一次，慘事大約是下午三時發生，到了下午六時許，朋友證實曾良明已經遇難了，因爲他的四川同鄉會曾派人去醫院和巡捕房（警察局）查過，醫院中的傷者羣沒有發現他，但他的一個隨身的手提皮包滿着血跡，卻在巡捕房中待領。

曾良明沒有結婚，他是在上海市政府社會局中做事的，上海戰事發生後他暫時被派在租界裏負責一些社會局的聯絡事務，他是住在哥哥和嫂嫂家中。當晚他的哥哥向法租界巡捕房領回了他的手提包，可憐的曾良明已證實是粉身碎骨了的。

第二天，曾良明的哥哥曾良賢在租界大西路一個寺院裏舉行一個追悼會，會後有幾個朋友到呂班路口海軍俱樂部餐廳去食晚飯，有一個初學算命的朋友，他是曾良明的同鄉，也是四川錦陽縣人，曾良明那時約三十歲，是一個很老實的青年人，雖缺點的只是性子太急些。因此席間大家都說他死得未免太慘。也因此，席間有人就詰問那位初學算命的朋友，關於命運的事。

「老謝，你學算命，到底算出了曾良明的命運沒有？」那位初學算命的朋友名叫謝子雲，有人這樣問他。

謝子雲答說：「我還沒有算過他的命，因爲他老是不肯把八字告訴我，同時，奇怪的，他去年曾有一次我逼他要他的八字時，他說要等今年八月中秋過了才肯告訴我，而今，距離中秋還有兩個月，竟然就如此不幸了！」

「我不相信有命運這囘事，」另有一姓呂的這樣說，「昨天大世界的事，一下子在一秒之內死了數百人，難道這數百人的命運都是註定是同一天同一時辰死的？」

謝子雲說：「我剛學算命，此事易學難精，我當然還未到家，不過，從我所知道的命運是絕對有此事的。」他又繼續解釋說，「關於昨日大世界之事，其中當然有許多是同一命運的，卻也有不同樣的命運而遭遇一種『刦數』的，照理說，好像昨天遇難的五百人中，總是命中應死的佔多數，不當死而遭刦的人佔少數」。

「你這話無非說說而已，如果你能把曾良明的命運早幾天說他昨日會死，那我就相信，沒有證據，自話自說，我是不相信的，你學算命，爲甚麼不先把你的同鄉又是好朋友的命不先算呢？如果先算了，叫他昨天不出門，豈不是好？總之，空口說命運，不能使我相信的。」

大家說到這裏時，席中有一人是和曾良明同事的，突然的對大家說：「我知道前三年曾良明曾在八仙橋一個瞎子姓鄭的那裏批過一本命書，這個姓鄭的算命先生，聽說是張燮堂的老師，命理甚是高明，我也聽說那本命書說曾良明過了今年八月中秋就是大好的運道，但也說他在八月中秋之前有變動，不過沒有聽說他會死於非命之事，但不知那本命書在不在家裏。」

於是有人提起打電話去問曾良賢，有沒有看見過曾良明的命書，電話打通了，對方回話說，今天上午去整理曾良明的房間時，曾看見一本批命的東西。大家就請曾良賢來食飯，並將那本命書帶來。一會曾良賢來了，那本命書也帶來了。大家問曾良賢有沒有聽到關於曾良明命運之事。

曾良賢對大家說，他自己對命運之事半信半疑，但他的亡弟卻十三分相信命運，據說他在上海讀書的時候，曾有一次跟同學無意的算了一次命，算命的說他二十三歲學業可以成就，未出校門，就已登上政途，一出校門，就有小官做。但又說他有兩件事應當留意：一件事是二十三歲那年有桃花運，這桃花運是不好的，如果桃花交成，則學業就不成。第二件事，說他二十六歲有病痛，要小心，又說他不利東方，要去西方。

本來曾良明在大學讀書時有兩個女朋友的，但並沒有甚麽桃花意味：果然到了二十三歲大學畢業那年，兩個女同學中有一個姓霍的，突爲對他熱起來。好在他聽了算命先生的話，不曾發生甚麽關係，果然不久這位姓霍的女朋友被警備司令抓去，原來她是共產黨員，到了二十六歲那年，也果然先生了疔瘡，又生了腸熱病，十分危險。

自此之後他就十二分相信命運了。因爲算命的曾說他壽命不長，所以他二十六歲那年病倒時，自己以爲會死，後來病好了，就請一個瞎子算命的批了這本命書。據說命書中批明三十歲有性命危險，所以前兩年我們想替他介紹女朋友，而他卻說要等過三十歲再說，想不到今年就是三十歲。

曾良賢說到這裏，才把那本命書拿了出來交給大家。他說，他因看不懂命書的術語，所以沒有去看他，到底書中怎樣批也不知道。於是大家就把那命書交給謝子雲，請他解釋大家聽聽，到底算命怎樣批。

謝子雲接過命書，翻閱略略看了一遍，特別注視最後的一頁。「唉」的一聲，他把那命書指着大家看，一面他朗聲念道：「三十歲，流年丁丑，立秋之後，白露之前，三十天之內，恐有巨變，務於前一年，避去西方近水之處，渡過三十歲，否則將有焚身之禍，愼之，愼之！」

接着謝子雲伸手向自己衣袋裏取出一本曆書，對大家解釋說：

「今年民國二十六年，西曆一九三七年，歲遣丁丑，陰曆七月初三日就是立秋，也就是陽曆八月七號，白露是陰曆八月初四日，也就是陽曆九月八號，今天是陽曆八月二十四日，所謂立秋之後，白露之前的三十天內，一點也不錯；所謂『焚身之禍』，這按語實太奇妙了！」

此時大家爭相看看那本命書中的批語，唏噓相對，大謂驚異。隨後據謝子雲解釋說所謂「焚身之禍」，依曾良明八字上的五行言，今年是「丁」火流年，立秋之後又交入「丙」火行運，昨日又逢「丁」火之日，他本身又係木火，所以火太旺因而焚身了，眞想不到，這五行之火，竟然就是炮火之火，實在太奇妙了！

這事情過了沒有幾天，謝子雲又有一次和大家聚在一起的時候，那時候上海正在抗戰的當兒，在租界裏居住的人們相見時只是談談關於戰局和那天大世界炸彈之事的。因而彼此又談到曾良明那本命書的事情。

其中有一個新朋友，他本是一個相信命運的人，聽見大家尤其謝子雲特別强調命運之事，湊巧地他聽到死者曾良明的八字，因爲曾良明那本書在謝子雲手上，他就向謝子雲取去一看。這一看，他突然大聲叫了「奇怪」一聲，大家都嚇了一跳。

「老王，到底甚麽事？你也會算命的嗎？」有人這樣問那位新朋友。他立卽囘答說：「我不是算命的，但這曾君的八字和我的表弟兄一樣一式的，何以他會死於非命，而我表弟卻安然無事呢？這不是太奇怪的事嗎？」

「眞的嗎？」大家也都奇怪了。當然各位中最感奇怪的是謝子雲，因爲他是會算命的。在座中，當然也有不相信命運的，於是便向謝子雲質難了，爲甚麽兩人命運是一樣的，而曾良明死於炸彈，而老王的表弟偏平安無事呢？」

謝子雲起初還懷疑老王記錯了他表弟的八子，後來老王打電話去問他的表弟說，是八字完全相同。於是謝子雲又解釋說，曾良明是四川人，生於四川錦陽縣，而老王的表弟是出生於上海，這兩地可能有時辰上的不同。但因謝子雲是初學算命的，只能說出這意思而不能說出有力的道理來。於是其中對命理有興趣的人就建議再去問那位替曾良明批過的瞎子算命先生。

於是謝子雲，老王，還有兩位一個姓孫的一個姓胡的，四個人一齊到八仙橋鄭瞎子那裏去，這個瞎子算命先生是一個五十零歲的人，樣子很是斯文，如果戴上一副黑眼鏡的話，很像一個紳士或是大學教授的樣子，他是上海著名的瞎子算命張燮堂的先生，但自己卻沒有徒弟的出名。

謝子雲和老王都曾到過張燮堂那裏算過命的，而這裏今天卻是第一次。還有兩位雖然算命，卻還未曾上過張燮堂的門，於是謝子雲就對他們兩位說，張燮堂的樣子也很好，胖胖的身子，圓圓的臉孔，潔白的皮膚，戴一副黑眼鏡，年齡只有四十歲左右，看來好像一個財政界的人物，像科長的官樣子，一點也不像算命先生。

「鄭先生，聽說你是張燮堂的老師，何以你還沒有他出名呢？」老王喜歡說話，他首先說話。

「是的，」鄭瞎子答：「靑出於藍，而勝於藍，世界是進步的應當一代比一代好才對。」

「那末，他的工夫眞的比你高明嗎？」老王又向瞎子追問：「看來你的生意也還不差呀！」因爲他們來時，房間裏還有兩三幫人在等算命，所以老王這樣說。

鄭瞎子聽見老王這樣說，就臉露微笑地說：「工夫差不多，有的地方他高明，有的地方我高明；有的時候他說靈驗，有的時候我說靈驗，至於他之所以著名，那是他的命運，算命先生自己也要靠命運的，命運好的，生意也就好的；命運有名氣的，名氣卽大些。」

彼此這樣隨便說了幾句之後，鄭瞎子就問誰要算命是淸談流年，還有甚麽？他要來客報出八字來。接着謝子雲就把曾良明的八字報了出去，說是要淸談流年，鄭瞎子照例屈指一算，問一問出生的地方，對一對六親不錯之後，他再屈指算算本年的吉凶。他微笑的對各人說：「你們今天一起來的有幾個人？」

「一起四個人，」老王答。

瞎子說：「他本人不在這裏嗎？」

「是，不在這裏。」謝子雲答。

「你們都是他的朋友嗎？」瞎子算命的說：「你們這個朋友，不特今天不在這裏，我說他已經不在世上了！」

這一下使他們四個人不能不驚奇，他竟然敢說曾良明此人已經去世，這豈不是太大膽了嗎？

「此人前三年曾在你這裏算過一次，你曾給他批了一本命書的，這本命書現在我們把它也帶來了，你在命書裏並沒有說他今天以前應當死亡，爲甚麽你今天說他已經不在世上了呢？」謝子雲一面拿出曾良明的命書。

鄭瞎子愕然地說：「眞的嗎？請你把命書中所批的唸給我聽聽，我到底是怎樣批他的。」

於是謝子雲便朗聲地對着命書唸道：「三十歲，流年丁丑，立秋之後，白露之前，三十天之內，恐有巨變，務於前一年，避去西方近水之處，渡過三十歲；否則，將有焚身之禍，愼之，愼之！」

「對的，這是我所批的。」鄭瞎子說，「今天是八月三十天之內嗎？我敢說他，必在今天以前十天之內死於炮火的，各位今天是叫我算死人命了！」

老王看見算命的竟敢如此大膽，覺得奇怪，就說：「依你所批的三十天之內，計算起來還有九天，難道他不可以今天還活着，這幾天才病死嗎？甚麼理由一定說他已經去世了呢？又何以說他是死於炮火呢？是不是因爲月來日本仔在上海登陸，外間有炮火的關係呢？」

「這當然有關係，」瞎子說：「這是我經驗；因爲前幾天大世界門口落了炸彈，使我斷定這位先生是死於此難的。這幾天，類似這位先生的命運好多，他們的戚友也多來我這裏問我的。以前我所批的如『焚身之禍』的一語，只知此君的八字有五行焚身太感之象，所以依命理只能批用『焚身』二字。凡是以前經我類此批斷的，大都不幸前幾天都於此次的橫禍，所以我才敢斷他也是前幾天死於炮火的了。這不是江湖之術，這是時局與命理的配合問題。」

謝子雲和老王二人看見算命這樣說得有道有理，自然無話可說；但老王卻心有所不服，說：「鄭先生，對不住你，我現在要問一個問題，剛才我們所批的八字，是有兩個人完全相同的。現在雖然有一個人的確於前天在大世界門口被炸死了，但另外那個人，卻平平安安地活着，一點也沒有事，這又是何道理可講呢？難道一個八字卻有兩種說法麼，一個要死於炮火，而一個偏平安無事？」

「眞是有此兩個嗎？」鄭瞎子頗鎭定地說：「八字一共只有二十幾種，其他八字完全相同的當然不少，每天同時辰出生的就是八字完全相同的人，如他們是在同一的地方出生，那末他們的八字就大同小異，但也不能完全相同，因爲其中有父母的五行配合在內，也可能有出生時情況不同；比如說兩個人雖然都是在上海同年同月同日同時辰出世的，一個父母的五行有利，一個有害的話，這兩人的命運就多少不相同了。

「再如，兩人的五行都是火太旺而缺水調和，一個出生於冶金之家又近火，一個生於河邊之家得近水，情形又不同了，近水的便比近火的好命了。所以如果令友確有兩人八字完全相同而一個死於炸彈，一個則平安無事的話，那我敢斷定兩人的出生地點是不同的，而他的六親情形也是不同的。

「我問你，你們的兩個朋友，他倆在甚麼地方出世的？兩人若不在同一地方出世，就可能一在東邊，一在西邊，或是一個北方，一個南方。

老王就問道：「鄭先生，據你看來，這位已經去世的朋友，該是出生於甚麼地方的呢？是東、是西、是南還是北呢？」

他又向瞎子算命的聲明說：「先生，我這話並不是有意考你的，我們是想研究這個命理的。」

「是的，考我不考我都沒有關係，我們總要說出道理來的。」算命先生說：「依我看來，這位已經去世了的朋友，他應是出生於西向，如四川、雲南、貴州方面，因爲他不宜居於東南木火方向。」

謝子雲和老王二人看見算命先生竟然把曾良明是出生於四川都可以說出來了，便具實對瞎子說，曾良明確是四川錦陽縣人。接着，算命先生就問，那位平安無事的是甚麽地方人呢？老王答說上海本地人。

於是瞎子算命鄭先生就解釋說：「那就不錯了，因爲上海和四川是相差大約半個時辰，上海是早半時辰，而四川是遲半小時，出生於上海這位是夜子時，而出生於四川這位卻是日子時了。

這一差，卻差得相當利害，一個是怕木火，一個是不怕木火，誠然是五行造化不同了。

接着算命先生又把出生上海的這個八字校對六親，類然六親的情況和曾良明也不相同，曾良明是父先亡，母後故，雙親均已去世，而這位上海人姓蔡的，是父先故，母健在。曾良明是兄弟二人，我身居次，姓蔡的兄弟三人，我身居長，同時，曾良明是尚未成家，而蔡君則已有一男一女了。鄭瞎子把這位的六親校對果然不錯之後，進而說到他們兩位的性情。明顯的，他說曾良明雖然是一個老實人，性情卻是很燥急的，而蔡君則是一個和氣人。

於是算命先生鄭瞎子就對各位解釋說，這完全由於上海與四川的錦陽縣，兩地距離關係，出生時差了半時辰所致。當時鄭瞎子只知道上海在東方，四川錦陽縣在西方，說是這兩地出生的人有時辰上的不同，他由於缺乏天文地理的智識，當然不能說出其中的理由來。

其實這就是由於地球向東轉，上海在東，所以先見太陽，錦陽在西，後見太陽，兩地時辰就不同了。這時辰，在古時倒不容易有錯誤，因為古時校對時辰是用「日規」，對着日光看規上的投影，所以上海的時辰就不會與四川相同，同一時間，上海的日影正午了，四川的日影還沒有到子午線，這樣，兩地時辰就正確了。

自從上海和四川有了電報之後，中國的電報總局在上海，全國的時間乃以上海的時間爲準，人家屋裏的鐘錶都以郵政局，電報局，火車站，海陸關等的鐘點爲標準，南北兩地沒有經線的關係無所謂，而東西兩地的時間便有差錯，這差錯，在一切的事上都沒有關係，卻在算命的出生時辰上若碰到時辰頭時辰尾，以及子時，那就不同了。

這種時辰的相差，若在時辰的中間，相差就不太大。比如說，上午八點正是辰時，那末相差半小時至三刻鐘以內的，所差的只是時辰頭時辰尾，或是僅差了幾刻，若是前後相差一小時以上的那就要相差一個時辰了。同是相差一個時辰也大有不同，比如說，日間十二點正是午時，兩點正是未時，若是一點正出生的，介於午未之間，因爲午未同屬火土，相差還不太大；若是上午八點三刻出生的屬辰時，而九點一刻鐘出生的雖然只遲半小時，卻屬於巳時了；而辰屬水，巳屬火，相差就太大了。

所以，像在上海出生的蔡君，和在四川錦陽出生的曾良明二人，雖然出生時都是在夜十二點鐘，但若蔡君出生時是十五日的夜裏十一點三刻，就屬於十五日；若曾良明出生時是夜裏的十點一刻，過了子時，便屬於十六日了。如果湊巧再碰到月建的不同，那就不只差一日，還要差一月。

他們兩人的八字雖然相同，由於出生地點不同，時辰上的差異，就有這樣重大的差別，所以小孩出生時的「定時」是一件彼重要的事，時辰對不對，鐵板算可用校對六親的方法把時辰確定的，要算命，時辰先要準確。

據說，中華民國副總統陳誠的八字和上海市長，財政部長，行政院長的俞鴻鈞相同，有的說俞鴻鈞是後一個時辰，不知確否，如果所傳說不錯的話，恐怕也是時辰彼此有不正確的，所以未可爲斷。

若就陳誠和俞鴻鈞兩人的命運看，兩人的官運亨通是差不多的，就是近數年來俞鴻鈞不如陳誠，前運是差不多的，外間所傳的陳誠八字，今年是六十八歲，光緒二十三年十一月二十二日出生，八字是「丁酉、壬子、丁未、甲辰」。俞鴻鈞若是後一個時辰，那就是「丁酉、壬子、丁未、乙巳」，辰時與巳時顯有不同，而兩人的晚運也大不相同了。

從前有個朋友和他的表弟也是同年同月同日同時生的，八字相同，同時他們才三十多歲，家庭狀況以及個人性情也都差不多。兩人當時也同在上海吳淞國立同濟醫科大學裏讀書。他們家裏的人，都說他們兩人的命運既然一樣，將來事業前途也應當一樣的。

但，大學畢業那一年，卻有一事既然不同，那就是這位表兄張君學校畢業後就結婚，而那位表弟姓許的卻不會結婚，本來他們兩家親戚也都在上海，兩家家長原也打算兩表兄弟同時舉行婚禮的，因爲他們兩人也都在畢業前一年交上一個女朋友也都已訂了婚。

想不到，這位表弟許君在準備結婚前三個月，突然和女朋友發生意見，女朋友拒絕如期結婚。許君一氣就請求和她解除婚約。但事情當然沒有這樣簡單，家長自然不會答應。可是，經過了兩個月男女兩家戚友和解仍無效。

於是逼不得已，男女兩家家長只好接受朋友的意見，把這兩人的婚事問題向算命先生請教了。他們把兩人同樣的八字拿去問一問算命先生，他們明白告訴算命先生，這兩人是表兄弟，八字完全一樣，現在有一件事情竟然大不相同，請算命先生看看到底毛病在甚麼地方。

這位算命先生所精的是鐵版算，鐵版算對於一生休咎之事不一定就能够作精確的斷定，而對於六親之事卻有特長之處的，因爲人們都以爲六親能斷得對，就算是靈了，所以大都喜歡去問鐵板算，其實，查對六親只是對於出生時辰的準確有用，其他未必就像六親那樣精確的。

鐵版算先生就把表兄張先生的八字查對了六親之後，最重要的是「兄弟二人，我身於長。」再把表弟許君校對了六親，主要的不同則是「兄弟三人，我身居次」，於是算命的說：「這兩人的八字雖無相同，出生的時刻卻有先後；表兄是寅時一刻出世，而表弟則是寅時三刻出世的；所以表兄是長子，而表弟則是次男了。」

「那末，除了長子和次男的不同之外，還有甚麽不同呢？」他們家人這樣問。

那算命先生答道：「依今歲的流年論，這兩個表兄弟原都有喜神的，就是說，他們今年都有結婚的喜訊的。但是，由於出生時刻的先後，既有長子次子之別，因而這喜神便有眞假之分了。照這情形看，表兄今年的喜神應是眞喜神，而表弟卻是假喜神了。」

「眞喜神和假喜神現在可以看出來是何情形嗎？」他們家人又說：「弄假成眞可以嗎？結婚是家庭決定的事，難道家長決定了而不是眞的，也會不成嗎？」

「依命理來說，所謂眞喜神，就是說他今年必定要結婚的，你家長不許他也不成，所謂假喜神，就是說，他的家庭決定了今年要成親，甚至連結婚的日子都決定了的，也還有變化，這變化當然也有大變化小變化種種不同的，但結不成婚那是一定的。」算命先生又繼續解釋說：「依我看來，這位表弟婚事的變化倒不是甚麽大變化，今年雖然結不成婚，明年秋天大概還可以結得成的；如果是大變化，那就不是這樣的情形，那就是有刑尅的。」

他們一聽見算命先生說是小變化，覺得不對，以爲現在已到了解除婚約的決定，這應是大變化，何以又說是小變化呢？於是他們就問：「大變化應是怎樣？小變化又應是怎樣呢？你說，他今年是小變化，難道這小變化對於這婚事沒有甚麽影響嗎？然而，情形卻是很嚴重哩！」

算命先生解釋說：「我不是說過嗎，如果是大變化，那就是有刑尅，換句話說，就是要刑尅未婚妻，或刑尅父母，以致把婚事延緩了。但他們兩人旣是同樣的八字，一個會成婚，一個絕對不致於有尅妻或尅父母之事，所以，依我看，其中應是女方有些別的問題，不是男家有甚麽事發生變化，而是女家有甚麽事發生變化的。」

「雖然不會刑尅，會不會有解除婚約事呢？」他們又說：「如果婚約解除了眞否可以呢！」

「不會的，」算命的堅定地說：「如果是解除婚約。那就算是大變化了。婚姻之事的大變化只有兩種：一種是刑尅，一種是離異；他不會有此大變化的事情，所以斷定今年只是小變化，不能結婚，不至於有解除婚約之事的，請你們家裏人不必太憂慮，問題會解決的。」

果然，這位表弟許君，那年雖然因女方有些問題不能成婚，結果由雙方戚友的斡旋，到了第二年也就結婚了。

像這樣的八字完全相同，只是出生時辰差了半個時辰而有兩樣命運之事的也是不希奇的，因爲除那日子又逢月建不同之類可能相差很大之外，一般所差的不太大。前幾年報紙也曾登載過美國有兩位同年同月同日出生的人，一個在政治上有成就，一個在財富上有成就，雖然一富一貴有其不同，若把富貴視同一事，就相同的了。

關於此種出生地點不同而有時辰上的差異問題，過去算命先生因爲缺乏地理智識就只知其然而不知其所以然，現在算命先生大都知道子午線的關係，當然可以說出其中道理了。

四：只憑握手．能知貴賤

北伐成功前一年，有一天深夜陪朋友去上海仙樂林舞廳去坐枱子，本來枱子是叫舞女來坐枱子的，因爲我一生不跳舞的，平生到舞場不上五次，每次都只是陪朋友去坐枱子，看熱鬧，人家自己跳舞，舞女則是伴舞，惟我自己既不跳舞，也不伴舞，只是「看舞」和「坐枱」了。

那時我對於骨相原是外行，看相也還只知看部位，對於手相也還不够研究，那夜我們朋友中，有一位廖先生，江西人，據說他對於骨相頗有研究。那天我們是第二次見面，彼此也還未十分熟悉。自然不好向他叨教。在舞場裏，又碰着不少熟人，他們大都自己帶來舞伴，但不知是否舞女。

在還未有下海跳舞之先，廖君和三四位朋友的女朋友介紹見面時握了手。他們都把三四位小姐介紹了，一位張小姐，一位陳小姐，一位柯小姐，還有一位侯小姐，介紹之後他們都下海去了。

廖先生和我以及另一位秦先生還在坐談沒有下海去。他和秦君是好朋友，秦君好像是隨時向廖先生學習看相似的，有機會就就要向他叨教。他問廖先生：「這四個小姐都是舞女的嗎？有沒有貴格的？」

因爲我知道廖先生是從江西剛來上海沒有好久，在江西當年還沒有舞廳，他當然沒有跳過舞，那末，他剛來上海，從那裏知道這位小姐是否舞女呢？而且在舞廳裏燈光不明，又看不清楚面相的，那從知道她們有無貴格的呢？

我一想到這裏，就恍然大悟，廖先生必定是從握手上，看手骨相的，於是我就特別留意去聽他對秦君的談話，他說：「其中有兩位小姐是閨秀，有兩位是舞女。」

「那兩位，」秦君問：「是姓陳的和姓柯的？」

「不錯，是這兩位，」廖先生又說：「但她們又有不同。」

他們兩位原來在和她們四位握手時，就在留意這個問題的。這樣看來，秦君已學習了相當的工夫，對於握手看相原來已有了基礎的，秦君聽見廖君說「她們又有不同」，而自己卻不知有何不同，於是又問：「姓陳的怎樣？姓柯的又怎樣？」

廖先生答道：「姓陳的只是舞女，而姓柯的則是妓女。」

當時廖先生因爲剛來上海不久，只知道舞女只是伴舞，妓女是賣身，所以作這樣的按語。

但秦君是老上海，他知道舞女和妓女的分別不在於賣身不賣身，有的也賣身的。於是他就問：「分別在那裏？在上海，舞女和妓女，雖然在名稱上，形式上有分別，而其本質卻沒有多大分別的。」

「我說的是肉無骨淫賤，不是別的。」廖先生說：「那兩位的手都是有肉無骨，你等下再找機會去和她們握一握，就會明白的。」

我聽了「有肉無骨」四個字，心裏當然明白甚麼意思；但到底怎麼樣才算有肉無骨而屬於淫賤呢？自己心中實在有些不大明白，於是我就想趁這機會得些經驗，一會那幾位小姐跳幾場舞之後，又和我們在一起了。我就緊緊靠在老秦身邊，想趁老秦如果有機會和她們握手時，我想也握握她們一下，看看到底要有肉無骨到甚麼程度才是淫賤相。

果然不久，她們正在休息一會高談濶論的當兒，老秦伸過手向陳小姐和柯小姐要握手，嘴裏急急忙忙地稱讚道：「我實在佩服你們兩位小姐眞够聰明，你倆剛才所說的正是一針見血，也正合下懷，我心裏要說的話都被你兩位說出了，佩服，佩服！」

兩位小姐，在此交際場中，又在舞廳裏，當然十二分高興地站了起來，伸手和秦先生握起手來了。我當然也隨着說：「眞是够聰明，有眼力，看透人情，我也同樣佩服，所說的也都是我心裏若千年所要說的話。」這樣，我就跟着秦先生的手邊，握到她們兩位的纖手了。

當然，在心有所屬的情形下，對於這兩位小姐纖手的情狀具有特別的敏感的，所謂「有肉無骨」，眞的好像握了一塊軟綿綿的東西。在平常，我們雖然也曾於小說上看過甚麽「肉軟如綿」的字句，我們都以爲這不過是描寫美人肉體細膩的過分形容，想不到卻眞有其事了。

本來我們也不時和女人握過手的，我不曾去留意此事，心理上也都以爲手是骨多肉少，無非握着一隻有骨的手，絕不會有無骨的感覺的，而今天，竟然眞的是無骨了。當然並不眞是無骨，而是其骨之軟，有如無骨，這是我第一次經驗「有肉無骨」的手相，當時對這種手掌，自己心中還不敢相信如廖先生所謂「淫賤」相。

因爲我們一向對於「肉軟如綿」是有希奇而美妙的想像的，都是說美人才有此種美妙的肉體的，那末現在這兩位小姐既係手掌「有肉無骨」，當然也是「肉軟如綿」了，為甚麼偏要說她們是淫賤相呢？

一會夜深了，舞場打烊了，我們和她們都到靜安寺路一家舘子去宵夜了。這時候，舘子裏的燈光比舞廳中充足多了，我們可以看到她的眞面目了。老秦和我都不約而同的在注視她們兩人的相貌和舉動，老秦當然比我內行，他所注視的，和我所注視的有所不同，他是相術上去發掘她們在面部和舉動上有何也符合所謂「淫賤」的標準的，而我則是依通常以美貌為主旨去看她倆到底有何醜惡或明顯的破相，至於到底怎樣面孔，怎樣舉動才算是淫賤，我心中則毫無標準也毫無把握的。

「到底有甚麼毛病，你看出了嗎？」我向老秦耳邊低聲地說：「我是門外漢，不特一點也看不出，我看來很美麗，够華貴，將來都可以當貴夫人的。」

老秦對我點頭而低聲地說：「有，有，你是不會看的。」

我就說：「教我看看，這是一個好機會，讓我學學，」

老秦原是知道我對於面貌的部位相略知一點的，所以他就教我說：「你可注意她們兩位眼神，和張小姐與柯小姐兩人有何顯著的不同。」

於是我就開始注意她們兩位的眼神，同時也看看張小姐和柯小姐的眼神，作一個比較，企圖發現他們之間有何顯著的不同。過去我只是少時寄居北京家母舅家中，從他們經常都是一見面「三句話不離本行」的。聽了一些關於看相的技術的。

後來我雖然也繼續看了一些看相的書籍，但因沒有拜師的關係，只能於自修中，知道一些關於年齡的部位以及一些明顯而簡單行運部位和危險的相理的。

現在老秦叫我注意眼神，這不完全是屬於部位的了，只是一種「觀神」的相術了，這是比觀面部高深得多的。當然我雖魯鈍，對於她們四人的眼睛形狀，以及所謂眼神的穩定和浮動之別，我也略知一點的，於是我就把她們的眼神作一個比較的看法，當然我也看出了她們之間確有明顯不同的地方，只是不能加以好壞的判斷罷了。

一會，她們四位小姐都走了，當然小姐的男朋友們也陪着她們走了，留下廖先生，老秦，我，和一位錢先生。因爲錢先生是和她們很是相熟的，所以老秦就趁機會向他打聽關於這位小姐的底細。

「錢先生，你和這幾位小姐都是很相熟的樣子，她們都是人家的小姐？還是交際花呢？還是舞星呢？」老秦說，「那位說北京話的張小姐，眞够大方，我想她必是名門的閨秀，她不是上海人嗎？」

「是的，她不是上海人，她是安徽人，她父親是省政府的建設廳長，她是生長在北京，所以說的一口北京話。她是那位曾先生同學，兩人很要好，大約下個月快要訂婚了。這兩天他們學校放假，所以他們都來上海大玩一下。

「他們不在上海讀書嗎？那位陳小姐不是說上海話的？」老秦說，「你和陳小姐也很相熟嗎？」老秦趁這機會想打聽陳小姐的家世。

錢先生說：「他們都不在上海讀書，曾先生和張小姐是在南京高等師範學校讀書；那位柯小姐也在南京讀書；柯小姐的那位男朋友金先生和柯小姐也差不多已走上了戀愛的軌道的。」

錢某又繼續說：「至於那位陳小姐，我和她並不相熟，今天是第二次見面，因爲她是戈爾登舞廳頭牌的名舞女，所以善於交際，把我當爲熟人了。」

老秦和我一聽見錢某說陳小姐是名舞女，不禁愕然一瞪地看了廖先生一眼，心裏想，手掌「有肉無骨」，果然被證實一半了。錢某看出了我們似乎有些驚異的樣子，就問：「怎麽，你們也認識她嗎？你們知道她的家世嗎？」

「我們不認識她，」老秦解釋說：「只是剛才看見她的談吐很不凡，覺得這位小姐好像是交際花的樣子，但想不到她還是一個名舞女。」

老秦更進一步追問道：「她的家世怎麽樣？看來又不像舞女的樣子。」錢某說：「那位周先生是在鹽業銀行裏做事的，今天他找不到小姐爲舞伴，同時他原是陳小姐的舞客，爲着今夜要陪南京的來客，所以昨天就約好了陳小姐，要她今夜以閨秀姿態作陪，所以她今天淡妝了的。」

老秦聽見陳小姐既係戈爾登舞廳的名舞女，而就錢某的口氣看，他好像也知道她的家世似的，於是他就趁此機會想向廖先生叨教一些看相的工夫，便對廖先生說：「依你看這位陳小姐的身世應是如何？」

錢某原是一個聰明人，聽見老秦向廖先生這一問，他立卽明白他們是在研究陳小姐的相格，於是就問：「原來廖先生是會看相的，難得的機會，等下費你的神也給我看一看，將來會不會沒有飯吃。」

廖先生微笑地對錢某說：「我們只是隨便談談，我的見識很淺，恐怕說得不對。」接着他對錢某說：「這位陳小姐的身世你知道得清楚嗎？」

「知道的，我是上海人，她也是上海人，她原不是姓陳的，」錢某對廖先生和老秦說：「你們要聽她的事嗎？我可以告訴你們的。」

錢某說到這裏，老秦便搖手道：「你可暫且不說，讓我先請教廖先生，因爲剛才在舞廳中，廖先生和她握了手之後，就說準了她的，所以我們想請教廖先生一下，等下請你再說。」

於是廖先生就說：「這位陳小姐的出身並不微賤，頭先我在舞廳裏只握她的手，燈光看不清楚她的臉孔，所以我只說她屬於下格，那因爲她的手是有肉無骨，剛才在這裏看清楚了她的面貌，知道她的事更多了。她應是出身富貴之家，而又有三分姿色，本當是一個名門閨秀的；但可惜她生性不定，卽所謂『楊花水性』，所以她應是『未婚先孕』，繼而『甘爲人妾』，這是她十九歲以前之事。」

「一點也不錯，廖先生，她的父親確是上海一個很有錢的人，在社會上也很有地位的，所以她的所爲把她父親氣死，十七歲就被她父親趕出家門的。」錢某說，「好在她母親還是疼她，當時父親也給她一筆錢。」

廖先生不願錢某說下去，對錢某說：「你且慢說，請聽我再說，因爲她的婚姻是未擇吉開張，先行交易的結果，所以未出閨門先有子，便不得不下嫁爲商人婦了。然而，她又不安家室，大約在二十歲以下半年，廿一歲的上半年之間，又因『一枝紅杏出牆來』的關係，宣告仳離下堂求去。這大約是兩年前的事，想來，她之所以下海爲舞女，也是兩年前的事。」

說到這裏，廖先生停住不再說了。老秦就急問錢某：「對嗎？廖先生都說得不差嗎？」因爲廖先生說的是一口江西老表的官話，使錢某有些奇怪，他原以爲廖先生也許是老上海，那末對於陳小姐的家世也許知道清楚，但他說的話又一點都沒有上海腔調，覺得奇怪了。因而他問老秦道：「廖先生來上海好久了？」

老秦答說：「剛從江西來，還不足兩星期，是第一次來上海，所以他來舞廳是看看風光的，因爲江西還沒有舞廳。」

「眞的嗎？」錢某驚奇地說：「那末他剛才所說的陳小姐家世，難道眞的是從看相出來的嗎？他所說的比我所知道的更眞確的啊！」

接着老秦又問：「那位柯小姐你也和她相熟嗎？」

錢某聽見老秦提到柯小姐，馬上靈機一動，他想，如果廖生能看出陳小姐的家世，當也知道柯小姐的事，這位柯小姐並不是舞女，外間人很少知道她的，那末，如果廖先生也能說出柯小姐的事，就算眞的相術太高明了。於是他就笑對廖先生說：「廖先生，恕我冒失，你也能看出柯小姐有何情形嗎？」因爲柯小姐今天來到舞廳，是和她的弟弟一道來陪柯小姐的，她是柯小姐的表姊，今天在舞廳上是看不出柯小姐有甚麽特別的地方的。

但是，廖先生卻一句話把錢某說得驚奇了，他說：「柯小姐目前正在走桃花運，大約不出六十天，她就要和她的丈夫宣告仳離的。」柯小姐這件事，錢某相信是沒有人知道的，因爲她近兩月來正在和錢某的好友陶先生熱戀，而她的丈夫也是錢某的熟朋友，最近也正在調處此事。

於是錢某就急問：「那末，據你看來，她的離婚是離定的了，而她和我的好朋友熱戀也必定成功的了！」

廖先生截着反問道：「眞的她的兩個男人都是你的朋友嗎？到底是她的丈夫和你交情好呢，還是她的男朋友比較和你好呢？」

「男朋友和我比較有交情些，她的丈夫和我只是泛泛之交，不過我很同情他，他待柯小姐實在不錯，可稱爲一個好丈夫，但她偏不愛他，而和我的朋友陶先生近兩月來戀得火熱，已到了非結合不可了，所以最近正在由朋友從中奔走，如何宣告離婚，讓她正式嫁給陶先生。」

廖先生說：「她與丈夫在六十天仳離，那是不可避免的了，但是，若說他和令友陶君必定結合，那似乎太簡單，還有問題在後頭的。」

「還有甚麼問題呢？」錢某說：「現在敝友陶君只等她和丈夫一離婚，馬上就要請客宣告結婚的，只要她離婚事辦得妥。」

此事錢某似乎懷疑廖先生所說的，因為他自己就是奔走兩方面的中間人之一，他所知道的情形，當然比看相更可靠無疑。廖先生當然知道錢某的意思，便對他微笑地點點頭，一面轉過頭對老秦說：「你的意見如何？」他知道老秦對於陳小姐柯小姐兩人的手相面相都留意過的，而他也正在研究兩人的相，所以他要老秦說說看如何。

「我只能看出她目前正在走桃花運，至於她在六十天之內要和她丈夫離婚一節，是看不出的。」老秦說，「但看她似乎有些晦氣，是不是這晦氣卽係離婚的氣色？」

此時廖先生就轉頭對錢某說：「因為陶君是你的好朋友，所以我不得不告訴你，依柯小姐的氣色看，她不特要和丈夫離婚，同時和你的好友戀愛也不會成功的，而且，在百二十天之內，她還有其他嚴重事故發生的。」

「她和老陶的戀愛不會成功？」老秦十分表示懷疑地說：「那是未免太奇怪了，這事不是我所能想像的。」

廖先生又微笑道：「你的意思是不是說，她和令友陶君已經發生肉體上的關係了，所以不能不成功嗎？但我卻以爲，就因爲她太容易和令友發生了關係，所以反而不成功了；如果你不相信，且看四個月內的情形變化。」

於是錢某就請教廖先生，說陶君係他的至好朋友，如果此事必定不成功，就要去勸陶君，何必要他和丈夫離婚呢？這不是害了她嗎？不是自討麻煩嗎？但錢某不知該不該去勸陶某，是否勸阻有效也不自知。

「我希望你能盡友誼去勸阻他，聽不聽是他的事，」廖先生說，「如果他不聽你的勸阻，那就恐怕禍將及身的。」

他繼續解釋說：「依我看來，柯小姐與丈夫離婚之後將有災禍發生，這災禍會波及和她親近的人，你不妨把我這話告訴令友，讓陶君自己決定安危好了。」

錢某聽了廖先生這樣說，卻搖頭道：「這事我實在不敢嘗試，因爲他和她兩人已經發生關係了的，而她又與丈夫決定離婚，那末怎樣好叫陶君離開她呢？如果此時突然避開她，豈不是『始亂終棄』的嗎？那末，所謂災禍，明顯的就要臨到陶君身上了，我怎好去嘗試此事呢？」

如果你不敢去勸阻陶君，那就只有看他命運如何了，」廖先生說，「如果他的運氣好，他就會躲過他的災禍；如果運氣不好，就難免有災禍。但是，無論她的災禍是否臨到令友身上，他們的婚事總是不成的，若是你不相信，我可以和你打賭，不出六十天，這事就會發生的。」

廖先生這話實在說得太確定了，難免使錢某替他的朋友擔心起來了，如果婚姻不成，那還是無所謂的事，如果有甚麽災禍，那就不知有沒有太嚴重的事情了，於是他就問：「廖先生，柯小姐所可能發生的災禍是何種災禍？情形嚴重嗎？被她牽連的人，又是甚麽情形呢？」

「如果情形不嚴重，我就不必要你去勸令友了，就因爲情形相當嚴重，所以我才希望你去勸告令友。」廖先生說：「至於將是那一類的災禍，說來很奇怪，也許不特你們不會相信，如果我不會看相的話，我也不會相信的，像柯小姐那樣文靜的樣子，竟會有行兇之事，同時她自己也會被傷害的，因此，我認爲這事必然會發生於和她有桃色關係的這一圈裏的人等的。」

錢某一聽見「行兇」「傷害」，未免太驚奇了，眞是好像廖先生所說的，他若不會看相，他也不會相信的，那末現在他竟然敢相信她會有行兇之事，可見他在相上看得清楚了，他想，像柯小姐這樣的一個女人，竟然會行兇，對人傷害，那必定是一件極重要的事無疑，就女人之事來論，莫過於「情變」，因爲她的丈夫已經答應和她離婚的，不會使她對他行兇，那末這類似情形情變又從何而來呢？

「廖先生，我對你所說的有個疑點，」錢某想到這裏突然向廖先生發問：「我想，若是柯小姐會行兇，她的對象必定是於她最不過去的人。我如果去勸陶君和她斷絕的話，那末陶君無疑成爲她行兇的對象了，這樣一來，依你的辦法，不是反而造成了她的行兇，以及陶君的災禍了嗎？」

廖先生微笑囘答說：「你的話雖然有理，但事情卻不會這樣簡單，依我看柯小姐的面相和手相是一致的，她的親暱男朋友，恐怕不只令友陶君一人，因此當她與丈夫一離婚，便另有枝節發生的。不過，現在我只就柯小姐的看相，似有多角戀愛的情形，又有因桃花糾紛而發生行兇的危險，至於是否會涉及令友，那就不敢斷定，如能請令友來給我一看，我就可以斷定他會不會被這場災禍波及的。」

錢某一聽這話，突然記起一事，他立即對廖先生說：「眞的，我想起了前幾個月，陶君曾對我說過，柯小姐從前另有一個男朋友，似乎也鬧過戀過的，不過，依我所知道的這個男朋友已到天津了，但不知是否這個男子發生甚麼問題，」於是錢某就提議，說是現在已夜深了，不能叫陶君來給廖先生看看，約定明天去約陶君。

第二天，錢某來看廖先生的時候，帶了三個陌生的人一同來。一進門，錢某只把廖先生介紹給這三個人，而不將三個人的尊姓介紹給廖先生，那天我也在場，我就問錢某，你爲何不把三位令友介紹給廖先生呢？錢某笑一笑，對我說，等一下再介紹還未遲，我當時以爲因爲陶君也在三人之中，他不便把柯小姐之事說出，所以等一下再說的。

但是，事情卻很奇怪，廖先生向那三個客人看了幾眼之後，就微笑地對錢某說：「昨夜我們所談的那位令友，他在這裏嗎？關於他的事，大家都知道的嗎？」

「是的，他也在這裏。」錢某說：「我們四個人都是好朋友，除他本人之外，我們三人也都是在斡旋此事的，所以關於此事，大家都知道的，請廖先生等下有話隨便說，到底能成不成，是凶是吉，都可以直說的。」

於是廖先生便笑道：「既然如此，你爲甚麽不把陶先生介紹給我呢？是否要考我一下，能否從氣色上看出那一位是陶先生嗎？這倒是一件很好的事，你不把他介紹給我，我現在卻不客氣把他介紹給你了。」

說着，他就起來走到三人中的一人面前，伸過手，對那人說：「你是陶先生嗎？我大概不會說錯嗎？」

這一下，大家都愕然莫明其妙了，陶先生滿臉通紅的站起來和廖先生握手，嘴裏說：「是的，鄙人是姓陶，小字文德。」

「哎啊，廖先生，你是看相的，怎麽可以看出他是姓陶的呢？」錢某太驚奇了，「難道你又有甚麽魔術不成？」大家也都注視老陶面上，心裏以爲他面上可能有甚麽特徵，也許昨晚老錢於談話中無意說出來的。但是陶某面上一點特徵也沒有，老陶自己也覺得莫明其妙。

廖先生看見各位在驚奇，便笑嘻嘻地對大家說：「各位不用覺得奇怪，我並不是神仙，也沒有魔術，錢先生昨夜也沒有說陶先生是怎樣的一個人，我和他只是今天第一次見面的。至於我之所以能看出他是陶先生，一半是錢先生昨夜已把他的事情告訴了我，一半也由於我運氣好。」

「我雖然告訴了你關於他的事情，爲甚麽你可以看出就是他呢？」錢君說：「爲甚麽又和你自己的運氣有關係呢？難道看相算命先生的看相算命和自己的運氣也有關係的嗎？」

此時陶君就說：「我相信這其中定有秘訣，只是我們不知道罷了，現在就請廖先生把我的事情說說，那種秘訣我們倒不需要知道的。」

陶君這話說得頗有意思，他認爲廖先生能夠看出他是姓陶的，這大概是一種江湖的秘訣，他不會告訴人們的，所以他就想把這問題岔開，還是請他談談相理好些。

但是，廖先生倒願意先把此事告訴大家，免得大家悶在心裏，甚至還懷疑他有甚麽魔術，於是他就對大家說明他剛才之所以能夠看出陶先生的理由。他說：「因爲昨晚錢先生曾把陶先生的事情告訴了我，因此當你們三個人走來時，我就注意你們的氣色了，如果陶先生在內，他的面上必然出現那種事情有關的氣色的；因爲你們三人中，只看見他面上呈現了所謂『桃花運』和『晦氣』的氣色的。」

「噢，原來如此，」老錢說，「說穿了就沒有甚麽秘密了，那末，爲甚麽又與你自己的運氣有關係呢？」

廖先生解釋說：「無論甚麽人，要做成一件事，靠自己的才能之外，也還要靠運氣的，比如說，剛才你們三個人進來，如果除陶先生外，另外一個人也有桃花和晦氣的氣色的話，我就不可能直斷陶先生了，而今天呢，剛好三人中只有一人有此氣色，使我一看這氣色就能斷定這就是陶先生的氣色，這不是完全靠自己的運氣嗎？」

大家經過廖先生這一解釋，都恍然大悟，原來並沒有甚麽秘密。這樣一來，大家更覺得廖先生的相術眞是高明的了，他能於老錢昨夜口中所述的事情，竟能判明老陶的氣色，這也實在夠玄妙了。

於是，陶君就起來走到廖先生身旁面對着他坐下，預備給廖先生替他論相，希望能對他與柯小姐的婚姻事有所指津，一時大家也寂然無聲地來靜聽廖先生的論斷。

廖先生略把老陶的出生地點，出生年月以及父母年齡問了之後，就說：「因爲你的氣色是桃花之中有晦氣，所以我敢斷定你和柯小姐的好事不能成。同時，今天看了你的相局，也和柯小姐不合，所以必定不能成爲夫妻的，好在你的晦氣不大，也還沒有其他更壞的氣色，所以你也不至於有被傷害或牢獄之災。」他又補充一句說：「不過，你雖然沒有牢獄之災，而在這六十天之內偏要見官，也就是俗語所謂小官符，恐怕難免的，本而沒有甚麼大掛礙。」

「那末，她的情形將是如何呢？」老陶倒又關心到柯小姐的問題了。「她會有甚麼事發生呢？」

廖先生答道：「關於柯小姐的事，昨夜已對錢先生說過了，她的事是相當嚴重的，她不只和你的好事不成，她和另一個男朋友的好事也不成的。依我看來，她恐怕難免牢獄之災？」

「牢獄之災？」老陶驚愕地說：「一個女人那裏會有牢獄之災呢？她並不是一個兇惡的女人。」

「是的，」廖先生說：「我昨夜也對錢先生說過，如果我不是從她的相上看出，我也不相信她會有行兇之事的。不過現在我卻相信她將是被迫而一時激於憤怒的。就她的相局看，最不好的便是生性不定，就女人言就是不貞，所以招來禍災便難免。」接着又嘆了一口氣。

老陶看見廖先生頭先說過一次「她和另一個男朋友的好事也不成」，而現在又說她「不貞」，自己覺得不好意思，於是便向廖先生為自己有所申辯說：「我知道她自和我要好之後，並沒有其他男朋友，你何以說她和另一個男朋友的好事也不成呢？是否她此次和我之事不成之後又有一個男朋友？你看她和丈夫離開之事成嗎？」

廖先生當然聽得出老陶這話是為自己爭面子，同時也替柯小姐辯白，以為她自和老陶要好之後並沒有甚麽不貞之事的。於是他對老陶解釋說：「陶先生，請你原諒我不大客氣的說，你雖然把柯小姐從她那個男朋友手中搶過來了，但那個男朋友對她卻不曾忘情，而她也依然藕斷絲連呢，此事你也許不明白，但我卻從她的相上看出的。至於我說她不貞，那是更明顯的事實，她是有夫之婦，既與那位男朋友發生關係於前，又和你發生關係於後，這當然屬於不貞的了，我是不會亂說她的。」

「你是從相上看出她和那位男朋友發生了肉體關係嗎？我倒不信有此事的，」老陶說：「我是只知道他們不過是普通的朋友，所以我才向她追求，否則我也不會這樣做的了。」

此時在座各人似乎都感到老陶有些感情衝動，便安慰他，說是關於此事可不必加以討論了，事情已經是過去的了，如果此次好事能成，當然既往不咎，如果此次無成，更毋須討論的了，還是不談這個問題爲是。

但是，廖先生卻不肯這樣麻胡過去，他又認眞地說：「本來此事我可以不說的，但因第一、我已斷定了陶先生與她的好事必不成，所以才敢說；第二、我和柯小姐總算昨夜有過一面之緣，同時她也是各位的朋友，依我的推斷，柯小姐的災禍，極可能和那個男朋友有關係，所以我希望你們，能夠事先予以勸解或幫助，不讓事態太嚴重，豈不是好？」

那天談相的情形止於此，後來柯小姐的事情，果然在六十天之內發生好幾件事故。她和丈夫宣告離婚之後，原定在兩個月之內和老陶結婚的，想不到半路殺出程咬金，那位先前的男朋友姓許的突從天津囘到上海，要求柯小姐和他結婚，不能嫁給陶先生。同時寫信給老陶，說是現在柯小姐已和他的丈夫離婚了，無妨把他和柯小姐實情說出，他們兩人早已發生了肉體關係而且因爲她，他才囘去天津鄉下和自幼訂婚的女子解除婚約，希望老陶不要橫刀奪愛。

老陶一明白了此種情形，更相信廖先生的相法高明了，自己便借事跑去南京暫不與柯小姐見面，同時托老錢幾個好朋友去勸柯小姐，說是老陶無所謂，就嫁與許君也可以。

有一天，柯小姐和許君在談判這三角戀愛的糾紛問題的，不知爲着甚麽，兩人衝突起來，據許君說是柯小姐先打他一個嘴巴，據柯小姐說是許君先拍桌子駡她不要臉，柯小姐竟然一時氣憤不過，拿了一把剪刀，向許君用力投擊過去，那時正是夏天，許君上身只穿一件單衫，躲避不及，剪刀戮入了左肋骨，流血如注。

就這樣，許君被送進醫院，柯小姐被警察局拘去了。好在朋友們事前知道這是有關柯小姐的命運，廖先生早就托了好幾位好友隨時注意柯小姐的行動，給她幫助；所以錢君和幾位朋友就分途去奔走。一面去警察局中看柯小姐，告訴她一月前有個事於看相的廖先生就看出了她在六十天之內有牢獄之災，敎她在口供不要承認有意傷害許君，只是一時氣憤，原是做做樣子的，不意剪刀脫手了。

一面他們又到醫院裏看許君，也同樣告訴他這個理由，請他以一個過去曾是情侶的關係同情她的命運，警察局派人到醫院來錄口供時，也承認柯小姐不過一時氣憤原是做勢的，不意剪刀脫手，所以願意寬恕她的。

這樣一來，警局所錄的口供已不嚴重了；但因爲事關嚴重行兇傷害，警察局不能處理，只好錄案把柯小姐送到地方法院去了。因爲許君雖然傷勢不重，還需要一星期時間留院醫治，所以只好把柯小姐寄押於地方法院的看守所中等待許君出院時出庭作證才能開審了。

這樣子柯小姐就在看守所裏過她的牢獄生活了。朋友們知道像這一類「行兇」的案子，不是開一庭就能解決的，最少要開兩庭，第一庭是檢察官偵查庭，第二庭才可以用「不起訴處分」的方式把柯小姐釋放的。因此大家準備好舖保，在第一庭檢察官偵查時，就申請暫行保外候訊。因爲許君當堂承認柯小姐並非蓄意傷害，只是一時語言中間衝突所引起的過去，所以偵查庭也就批准了她的保外。

事情雖然就這樣的過去了，但因柯小姐受了這樣大的刺激之後，覺得做人實在沒有甚麽趣味。

她原想和陶君結合，現在她知道陶君可能因爲明白了許君和她曾發生了肉體關係而不願和她結合了；她當然怨恨許君不應該把此事告知陶君，所以她也不願意和許君結合了。

因爲這桃色案子被報紙公佈了，柯小姐在上海委實不能再住下去，尤其是有一家小報說她「一身周旋於三夫之間」，這未免使她太難堪，於是她這一氣，便改名換姓跑去漢口躲起來了，這樣，柯小姐的「行兇」以後及「牢獄之災」，與丈夫「離婚」之後又和陶君，許某兩人婚姻之事都不成，完全成爲事實，卻被廖先生說驗了。

從那時候起，老秦就跟廖先生學習看相了，當時年紀不到卅歲，爲了此次得到「有肉無骨」的手相經驗，很想先學習看女相，這只是年青的男子的一種好奇也是好色的心理，他們希望能在看相上多交女人也從而多些艷福的。但看相先生教徒又常常不使徒弟先學看女相，一般都是先學基本的相術，之後看男相，最後才學看女相的。

因此，在頭兩年只能學基本相術，那是以男人的面相和體型爲主的，有一次也就是他正式拜廖先生爲師之後不久，他隨廖先生到南京去。那是民國十五年的秋天，也就是國民黨軍隊在廣州誓師北伐的時候。就當時形勢看，北洋軍閥勢力仍甚雄厚，國民革命不會有成功的希望的。

但是，有一件奇怪的事，當時在長江最有實力的軍閥孫傳芳，是江蘇、安徽、浙江、江西、福建五省聯軍總司令，總司令部設在南京。軍閥和老官僚政客羣總是相信命運的，每一次時局動盪他們總是要算算命，看看相的，聽說當時南京五省聯軍總司令部裏有幾個人把孫傳芳的八字拿去朱雀橋附近一個瞎子算命去算，算命的說他不出一年，所有榮華歸於烏有，再問孫的性命如何，卻說性命並無危險，只是所有權位勢力，一掃而空。

這話實在不能使人相信，當時全國握有五省實力的只有孫傳芳一人，他的性命既無問題，他的勢力那裏會於不出一年之間沒落之理？於是他們又拿幾個軍長師長以及江蘇省長廳長的八字去算，瞎子也同樣說他們不出一年都要下台的，這一下他們就不敢對瞎子算命之言輕視了。

去算命的這幾個人都是總司令裏的文員剛好有一位柯洛文是滿淸舉人，曾任道尹，頗爲孫總司令的器重的，他也相信命運之事的，有一天談起命運問題大家就把瞎子算命之事告訴了他。

柯洛文聽了自然覺得奇怪，就問他們曾把他的八字去算沒有，他們說也把他的八字算過，說的情形也差不多，當時柯洛文是以總司令部政治部的參議名義，兼管秘書主任職務，所以部裏的文員和他都很要好。他們就請柯君可否找一個精於看相的，設法替孫傳芳以及其他主要人物看看相，是否命相一致，希望瞎子算命不對。此時柯洛文是住在上海，他掛的是參議名義，實際上只是一個幕客而已。他聽了大家談說之後，自己心中也覺得不安，因爲他前兩年去北京。曾算過一次命，算命的也說他明年會有變化的。由於大家請他找一個看相的替孫傳芳看相，記起前些日子在上海某小報上曾看見過關於柯小姐的桃色新聞中，說到有個姓廖的事前把她的相看準了。

於是他回到上海之後就托人去打聽那位姓廖的是甚麼人，沒有幾天，他得到朋友的介紹，請老廖先生吃飯。那天學生老秦當然也陪同前往。見面時，彼此行禮如儀都握過手，互通尊姓大名，柯洛文那天並不會請廖先生看相，只是談談一些關於相理的事。

席間，他問廖先生到過南京沒有，廖先生說他夏間初由九江到上海，還沒有去過南京，於是柯君就趁此機會說要請他去南京一遊，一切費用都不要廖先生自己負擔，秦先生也可以一道去，因爲當時五省聯軍總司令部的政治部正在召集一個五省人士有關民意的諮議會，廖先生是江西人，秦先生是江蘇人，都可以由柯洛文推荐去南京開會的。

老秦一聽這話愕然地說了一聲：「眞是太奇怪了，果然有這樣事！」

接着，廖先生就微笑地說：「我自己也是想不到的，竟然今天會見到柯先生，又會談到此事。」

柯洛文看打他們兩人如此說說，就問：「你兩位說的是甚麽意思？是不是你們已經有人告訴你南京要開這會議嗎？是的，總司令部已決定在下月初開此會的，請兩位到南京玩玩，好嗎？」

「我們說的並不是開會的事，」老秦答說：「那是廖先生上月曾對我說過，下月初我們兩人會有一個意外的機會向西行而且會留在那裏三個月，過了年才能回來的。」

「眞的嗎？」柯洛文說：「那末，廖先生的相理確然太高明了！」

他又說：「只要你們願意留在南京，一二年我們都是歡迎的，總司令部會給你們許多便利，若是留住三五個月，更是不成問題。」

過了幾天，廖先生和老秦兩人果然接受柯洛文的介紹到南京去作五省聯軍總司令部的嘉賓。五省代表的諮議會開會前兩天，柯洛文找了一個機會請孫傳芳吃飯，並邀請總司令部裏的四位要員作陪，當然目的是要廖先生和他們看相，所以也邀請了秘書處中兩人，也就是曾把孫傳芳算過命的那兩位。

那天，他們統統都是穿着便服跟孫傳芳一起來的，除孫傳芳一人廖先生和老秦曾在報紙上看見相片之外。其他各位都是素不相識的。他們都事先聽見柯洛文說過，這位廖先生是怎樣把一個柯小姐的相看得那麽靈驗，又說事先也看出此次有好機會來南京住三個月等等。於是孫傳芳趁着彼此還未介紹之時，就想試試看到底靈不靈。

席間，孫傳芳就對柯洛文說：「可否先請廖先生看看我們這幾個人到底誰是軍長，誰是師長，誰該管甚麽事？」

柯洛文就轉眼去看廖先生，廖先生點點頭說：「可以的，大體上是可以看得出的，孫總司令給我這個機會是很有意義的，這機會也是很難得的。」

接着廖先生就隨便看了在座的各位臉孔，大家也都跟孫傳芳一樣，彼此不開口，讓廖先生靜看，也等待他開口。當然此時老秦也運用自己的聰明和所學的工夫，希望也能看出他們的官階以及其他特別事情來。

「總司令，若是我說錯了，務請各位多多原諒，」廖先生說：「依我初步看來，除總司令大權在握不用我再說的之外，各位之中，能任軍長的似乎只有一人，其他都不能任軍長，不知我看得對不對。」

孫傳芳就問：「你說的是那一位？」

廖先生就指着座中斜對面的一位說：「是這一位軍長，恕我還沒有領教尊姓。」

孫傳芳笑了一笑，說：「你說的差不多，並沒有錯。」

跟着他就指另一人介紹說，「這位熊先生，再請廖先生看看他怎樣？」

廖先生再看看熊先生，就說：「依我看來，熊先生好像不是帶兵的人，應是管財政的。」他接着解釋說，「我不知總司令部和軍隊裏有甚麽機關，我只知道最高的總司令，其次是各路司令，再次是軍長，師長，旅長，團長等等，還有甚麽我就不大清楚的了，但照熊先生的相看，他都不是這些，他只是管理錢財之事的。」

「對的，」孫傳芳說：「廖先生，你的相法頗高明，這兩位都被看準了的，這位熊先生他不是軍人出身，現任軍需處長，是管理軍隊中的財政事的。至於那位張先生，他曾任軍長，現任參謀長，你看得都不錯，現在再請你看看兩位。」隨着孫傳芳又介紹一個姓薛的，一個姓項的。

廖先生也把這兩位看準了，說薛先生雖不是一個軍長，師長，卻有生殺之權；說項先生應比軍長低一級的官階，但又沒有師長的兵權，大概是副師長之類，事實，有生殺之權的薛先生是軍法處處長，而項某則是副官處處長。

接着彼此就隨便說說了。這時候，他才開始由柯洛文正式爲他介紹。廖先生和老秦兩人，就和各位一一握了手。席間所談的主要問題是後運問題，廖先生只是一口說好，說孫傳芳今年當是百尺竿頭更進一步；說各位的相格和總司令是配合的，是可以跟總司令始終發達的。

最後，秘書處中那兩人曾問到明年情形如何問題。這是因爲他們兩人曾把孫傳芳的八字拿去朱雀橋附近算命先生算過的都說明年不好的。柯洛文特別要廖先生對孫總司令看看明年有沒有甚麽特別好的地方。

廖先生當然明白所謂「明年特別好」，乃因在孫傳芳面前的說法，而內心的實情則是要他注意看看明年有沒有甚麽「特別」的事情的，也就是特別「好」或特別「壞」的，其實，這事早已在廖先生的判定之中了，不過不便把實情說出來罷了；因爲依相看，明年顯然是不好。因此，廖先生也就以隨便的口氣說：「明年春夏之間，確然有一點特別事情；但因總司令的氣色還沒有明顯，要再過兩三個月大概可以看清楚的。」這是廖先生的一點看相辭令，他不願當面說孫傳芳明年不好，只宜如此敷衍說的。

「你所謂特別事情，到底是個人的還是大局的？」孫傳芳說：「明年我會生病嗎」他有意把「特別事情」牽到生病上面去。

於是那位姓項的副官處長就接着說：「總司令不會生病的，廖先生剛剛說過總司令今後都是好運的，更發達的，我們也都是幫你的福氣的，當然明年之事也是好的，不會有壞的，不至於生病的。」

於是廖先生只好順着嘴說：「是的，這是關於大局的，不是個人的事，依相局來看，總司令明年身體還是福養精神的，福星拱照的，只是驛馬有動態罷了。」

「驛馬有動態？」孫傳芳似乎明白驛馬是甚麽，「那末，如果我明年驛馬要打到湖南廣東去了，五省聯軍將要變爲七省聯軍了。」

廖先生看見孫傳芳如此的自我陶醉，便不敢再就相論相了，他只好再順口地附和說：「是的，不是向南方發展，便是向北方發展，總之，明年不是今年的情形，明年是有更好的局面的，總司令的相局是這樣，各位的相局也同樣是這樣情形，所以我敢說，明年各位都要離開南京向前方發展的。」於是大家嘻嘻哈哈大笑一陣。

飯後，柯洛文陪同廖先生和老秦回到旅館。此時柯洛文和他們兩位可算是很相熟而說得來的了。柯洛文就問廖先生，關於總司令的相格到底後運如何？明年的變化到底是壞還是好？因爲柯洛文看出廖先生剛才所說的並不是眞實的話，乃敷衍孫傳芳以及衆人的意思的所謂江湖話。

柯洛文是一個風流瀟洒的人物，廖先生當然也看得出的，他就反問道：「據廖先生的看法，明年的時局有甚麽變化沒有？」

柯洛文又說：「依我就南北的局勢看，明年必定有變化的，但不知如何變化罷了。」

「我是只能看相，只好就相論相的，對於時局我是一竅不通的，我要先請教柯先生，不管南北局勢如何，只就五省聯軍這五省來說，明年可能有甚麽變化沒有？」

柯洛文想了一下，囘答說：「因爲廣州的革命政府已經誓師北伐，首當其衝的就是我們這五省，固然革命軍的實力並不可怕，但我們的隱憂卻不少，所以局勢變化是難免的。」

廖先生看見柯洛文如此論調，便微笑地說：「依總司令的相局看，他明年並不是發展，而是退守，不是向南進，而是向北行。」

「退守？向北行？」柯洛文慨然說，「如果這樣的話，那就是垮台了，因爲他如果擋不住南軍的話，只有下台，不可能向北退的！」

「是的嗎？」廖先生說，「那就不幸言中了！」

「你的意思說明年他一定敗北嗎？大約在何時？以後何時會東山再起或是捲土重來呢？」柯洛文又問：「你看今天在座的人都是這樣情形嗎？」

「就因爲在座諸人連柯先生你自己也在內，都是同樣情形，所以我才敢作此論斷的。」廖先生說：「恕我只是就相論相，也讓我只願意此時此地對柯先生說，也希望你對別人說，依我看法，明年春末夏初，局勢就會開始變化，而孫總司令，若是明年不幸言中而下野的話，不特捲土重來絕無可能，連東山再起也是沒有希望的了，」但他又補充一句說：「如果他將來有捲土重來的事，那就凶多吉少了，我倒希望他不再南來才好，因爲他明年之後，氣運由南轉北，尙有餘年可活，不再宜於南方的。」

柯洛文由問：「有人說總司令的眼睛是『三角眼』，將來要死於非命對嗎？」

「是的，那是毫無疑問的，」廖先生說，「我倒希望柯先生能勸慰孫總司令，於明年下野之後，躲在北方幽靜之所，修身積德，或者可免於死於非命的，否則，那就難免死於槍下或刀下了。」

於是柯洛文就向廖先生請教關於自己的問題，廖先生勸他儘早辭職爲宜，因爲如果也等到明年，時局開始變化才辭職，似乎在情理上說不過去的，柯洛文果然聽了廖先生的話，於那年的年底就辭去秘書處主任聽務，只留一個參議的空頭，住在上海法租界，不再到南京去了。

柯洛文去後，老秦就向廖先生請教幾個事情，第一，他問：「今天我們所握過這幾個人的手，何以個個都和從前那位柯小姐一樣的『有肉無骨』呢？他們淫不淫我們雖然不知，但他們並不是賤而且是貴，那是事實，這到底是甚麽理由呢？爲甚麽他們軍人的手也會那樣輭骨呢？」

原來自那次廖先生敎老秦看柯小姐和陳小姐的手相之後，都是指教老秦學基本相術，是以男相爲主，所以對於女相是不曾學到的。今天老秦這一問，就對他說明男女常常是相反的，那就是像手相，女人的手宜硬不宜軟，硬爲尊貴相，軟爲淫賤相，但男人的手相卻相反，男手宜軟不宜硬，如果是硬，那就是貧賤或勞碌命。

接着他就問關於柯洛的手相，廖先生說：「柯相之所以貴而不尊，敏而好色，乃係掌肉旣軟且薄。此君拳可入口，度量大，而勇力小，所以雖屬貴格，而一生無大成就。那位參謀處長的手相，與柯某不同的就是軟而肉厚。那位軍法處長軟而有骨，故操生殺之權，軍需處長軟而肉滑。副官處長，軟中帶硬。就這四位處長的手相來說，軟而肉厚最好，軟而有骨次之，軟而肉滑再次，軟而帶硬復次，軟而肉薄到是最末了。」

「那末，孫傳芳，的手軟雖然够軟了，但不如那位參謀處長較厚，何以他的官階反比參謀處長尊貴呢？」老秦說，「而且他的掌可以說是軟到底，簡直捫不出骨來。」

廖先生笑道：「這其中又有問題了，因爲他的掌是長型，而那位參謀處長的掌是方型，所以他較薄些，這是正格，倒不是他比參謀處長不如：至於他那種軟到底的情形卻是一個問題，這就是他不得善終的相了。」

老秦對這相理不大明白，以爲既然女子的手掌「有肉無骨」是最不好，則男子當是最好才對，何以又說這是不得善終之相呢？那末女子掌相以硬爲貴，若是硬到底是否也屬不得善終呢？這是很有理由的詢問。

「女子雖然宜硬不宜軟，但也宜潤，若是硬到底，一點也不潤，握來好像握樹枝，那也是死於十惡無疑。」廖先生又補充說，「不過，女子的肉軟如綿，手頭無骨，雖然不定就是賤格，也不一定就是淫相，而對於貞操不重視，容易順從男人的擺佈而缺少貞節感，那是一定的。」

這樣看來，男女手相不特有貴賤之分，且有善惡之別了，孫傳芳自那次下野之後果然不再起了，若干年後皈依佛教，有一天在佛堂中被一個女子施劍翹爲父報仇所殺。

占筮類			
1	擲地金聲搜精秘訣	心一堂編	沈氏研易樓藏稀見易占秘鈔本
2	卜易拆字秘傳百日通	心一堂編	
3	易占陽宅六十四卦秘斷	心一堂編	火珠林占陽宅風水秘鈔本
星命類			
4	斗數宣微	【民國】王裁珊	民初最重要斗數著述之一；未刪改本
5	斗數觀測錄	【民國】王裁珊	失傳民初斗數重要著作
6	《地星會源》《斗數綱要》合刊	心一堂編	失傳的第三種飛星斗數
7	《斗數秘鈔》《紫微斗數之捷徑》合刊	心一堂編	珍稀「紫微斗數」舊鈔秘本
8	斗數演例	心一堂編	斗數全書本來面目；有別於錯誤極多的坊本
9	紫微斗數全書（清初刻原本）	題【宋】陳希夷	無錯漏原版
10–12	鐵板神數（清刻足本）——附秘鈔密碼表	題【宋】邵雍	秘鈔密碼表　首次公開！
13–15	蠢子數纏度	題【宋】邵雍	蠢子數連密碼表　打破數百年秘傳　首次公開！
16–19	皇極數	題【宋】邵雍	清鈔孤本附起例及完整密碼表　研究神數必讀！
20–21	邵夫子先天神數	題【宋】邵雍	附手鈔密碼表　研究神數必讀！
22	八刻分經定數（密碼表）	題【宋】邵雍	皇極數另一版本；附手鈔密碼表
23	新命理探原	【民國】袁樹珊	子平命理必讀教科書！
24–25	袁氏命譜	【民國】袁樹珊	
26	韋氏命學講義	【民國】韋千里	民初二大命理家南袁北韋　北韋之命理經典
27	千里命稿	【民國】韋千里	
28	精選命理約言	【民國】韋千里	
29	滴天髓闡微——附李雨田命理初學捷徑	【民國】袁樹珊、李雨田	命理經典未刪改足本
30	段氏白話命學綱要	【民國】段方	民初命理經典最淺白易懂
31	命理用神精華	【民國】王心田	學命理者之寶鏡

32	命學探驪集	【民國】張巢雲	發前人所未發 稀見民初子平命理著作
33	澹園命談	【民國】高澹園	
34	算命一讀通——鴻福齊天	【民國】不空居士、覺先居士合纂	
35	子平玄理	【民國】施惕君	
36	星命風水秘傳百日通	心一堂編	
37	命理大四字金前定	題【晉】鬼谷子王詡	源自元代算命術
38	命理斷語義理源深	心一堂編	稀見清代批命斷語及活套
39－40	文武星案	【明】陸位	失傳四百年《張果星宗》姊妹篇 千多星盤命例　研究命學必備
相術類			
41	新相人學講義	【民國】楊叔和	失傳民初白話文相術書
42	手相學淺說	【民國】黃龍	民初中西結合手相學經典
43	大清相法	心一堂編	重現失傳經典相書
44	相法易知	心一堂編	
45	相法秘傳百日通	心一堂編	
堪輿類			
46	靈城精義箋	【清】沈竹礽	沈氏玄空遺珍 玄空風水必讀
47	地理辨正抉要	【清】沈竹礽	
48	《玄空古義四種通釋》《地理疑義答問》合刊	沈瓞民	
49	《沈氏玄空吹虀室雜存》《玄空捷訣》合刊	【民國】申聽禪	
50	漢鏡齋堪輿小識	【民國】查國珍、沈瓞民	
51	堪輿一覽	【清】孫竹田	失傳已久的無常派玄空經典
52	章仲山挨星秘訣（修定版）	【清】章仲山	章仲山無常派玄空珍秘 門內秘本首次公開
53	臨穴指南	【清】章仲山	
54	章仲山宅案附無常派玄空秘要	心一堂編	沈竹礽等大師尋覓一生末得之珍本！
55	地理辨正補	【清】朱小鶴	玄空六派蘇州派代表作
56	陽宅覺元氏新書	【清】元祝垚	簡易・有效・神驗之玄空陽宅法
57	地學鐵骨秘　附　吳師青藏命理大易數	【民國】吳師青	釋玄空廣東派地學之秘
58－61	四秘全書十二種（清刻原本）	【清】尹一勺	玄空湘楚派經典本來面目 有別於錯誤極多的坊本

62	地理辨正補註　附 元空秘旨　天元五歌　玄空精髓　心法秘訣等數種合刊	【民國】胡仲言	貫通易理、巒頭、三元、三合、天星、中醫
63	地理辨正自解	【清】李思白	公開玄空家「分率尺、工部尺、量天尺」之秘
64	許氏地理辨正釋義	【民國】許錦灝	民國易學名家黃元炳力薦
65	地理辨正天玉經內傳要訣圖解	【清】程懷榮	秘訣一語道破，圖文并茂
66	謝氏地理書	【民國】謝復	玄空體用兼備、深入淺出
67	論山水元運易理斷驗、三元氣運說附紫白訣等五種合刊	【宋】吳景鸞等	失傳古本《玄空秘旨》《紫白訣》
68	星卦奧義圖訣	【清】施安仁	三元玄空門內秘笈　清鈔孤本 過去均為必須守秘不能公開秘密 與今天流行飛星法不同
69	三元地學秘傳	【清】何文源	
70	三元玄空挨星四十八局圖說	心一堂編	
71	三元挨星秘訣仙傳	心一堂編	
72	三元地理正傳	心一堂編	
73	三元天心正運	心一堂編	
74	元空紫白陽宅秘旨	心一堂編	
75	玄空挨星秘圖　附 堪輿指迷	心一堂編	蓮池心法　玄空六法 門內秘鈔本首次公開
76	姚氏地理辨正圖說　附 地理九星并挨星真訣全圖　秘傳河圖精義等數種合刊	【清】姚文田等	
77	元空法鑑批點本——附 法鑑口授訣要、秘傳玄空三鑑奧義匯鈔　合刊	【清】曾懷玉等	
78	元空法鑑心法	【清】曾懷玉等	
79	曾懷玉增批蔣徒傳天玉經補註【新修訂版原（彩）色本】	【清】項木林、曾懷玉	揭開連城派風水之秘
80	地理學新義	【民國】俞仁宇撰	
81	地理辨正揭隱（足本）　附連城派秘鈔口訣	【民國】王邈達	
82	趙連城傳地理秘訣附雪庵和尚字字金	【明】趙連城	
83	趙連城秘傳楊公地理真訣	【明】趙連城	巒頭風水，內容簡核、深入淺出
84	地理法門全書	仗溪子、芝罘子	
85	地理方外別傳	【清】熙齋上人	巒頭形勢、「望氣」「鑑神」
86	地理輯要	【清】余鵬	集地理經典之精要
87	地理秘珍	【清】錫九氏	巒頭、三合天星，圖文並茂
88	《羅經舉要》附《附三合天機秘訣》	【清】賈長吉	清鈔孤本羅經、三合訣法圖解
89－90	嚴陵張九儀增釋地理琢玉斧巒	【清】張九儀	清初三合風水名家張九儀經典清刻原本！

心一堂術數古籍珍本叢刊　第二輯書目

占筮類			
121	卜易指南(二種)	【清】張孝宜	民國經典，補《增刪卜易》之不足
122	未來先知秘術——文王神課	【民國】張了凡	內容淺白、言簡意賅、條理分明
星命類			
123	人的運氣	汪季高(雙桐館主)	五六十年香港報章專欄結集！
124	命理尋源	【民國】徐樂吾	民國三大子平命理家徐樂吾必讀經典！
125	訂正滴天髓徵義		
126	滴天髓補註 附 子平一得		
127	窮通寶鑑評註 附 增補月談賦 四書子平		
128	古今名人命鑑		
129-130	紫微斗數捷覽(明刊孤本)[原(彩)色本] 附 點校本 (上)(下)	馮一、心一堂術數古籍整理編校小組 整理	明刊孤本 首次公開！
131	命學金聲	【民國】黃雲樵	民國名人八字、六壬奇門推命
132	命數叢譚	【民國】張雲溪	子平斗數共通、百多民國名人命例
133	定命錄	【民國】張一蟠	民國名人八十三命例詳細生平
134	《子平命術要訣》《知命篇》合刊	【民國】鄒文耀、【民國】胡仲言撰	《子平命術要訣》科學命理；《知命篇》易理皇極、命理地理、奇門六壬互通
135	科學方式命理學	閻德潤博士	匯通八字、中醫、科學原理！
136	八字提要	韋千里	民國三大子平命理家韋千里必讀經典！
137	子平實驗錄	【民國】孟耐園	作者四十多年經驗 占卜奇靈 名震全國！
138	民國偉人星命錄	【民國】囂囂子	幾乎包括所民初總統及國務總理八字！
139	千里命鈔	韋千里	失傳民初三大命理家-韋千里 代表作
140	斗數命理新篇	張開卷	現代流行的「紫微斗數」內容及形式上深受本書影響
141	哲理電氣命數學——子平部	【民國】彭仕勛	命局按三等九級格局、不同術數互通借用
142	《人鑑——命理存驗·命理擷要》(原版足本)附《林庚白家傳》	【民國】林庚白	傳統子平學修正及革新、大量名人名例
143	《命學苑苑刊——新命》(第一集)附《名造評案》《名造類編》等	【民國】林庚白、張一蟠等撰	史上首個以「唯物史觀」來革新子平命學結集
相術類			
144	中西相人探原	【民國】袁樹珊	按人生百歲，所行部位，分類詳載
145	新相術	【美國】李拉克福原著、【民國】沈有乾編譯	通過觀察人的面相身形、色澤舉止等，得知性情、能力、習慣、優缺點等
146	骨相學	【民國】風萍生編著	結合醫學中生理及心理學，影響近代西、日、中相術深遠
147	人心觀破術 附運命與天稟	【日本】管原如庵、加藤孤雁原著，【民國】唐真如譯	觀破人心、運命與天稟的奧妙

148	《人相學之新研究》《看相偶述》合刊	盧毅安	集中外大成，無不奇驗；影響近代香港相術名著
149	冰鑑集	【民國】碧湖鷗客	各家相法精華、相術捷徑、圖文並茂附名人照片
150	《現代人相百面觀》《相人新法》合刊	【民國】吳道子輯	失傳民初相學經典二種 重現人間！
151	性相論	【民國】余晉龢	民初北平公安局專論相學與犯罪專著（犯罪學生物學派）
152	《相法講義》《相理秘旨》合刊	韋千里、孟瘦梅	命理學大家韋千里經典、傳統相術秘籍精華
153	《掌形哲學》附《世界名人掌形》《小傳》	【民國】余萍客	圖文并茂、附歐美名人掌形圖及生平簡介
154	觀察術	【民國】吳貴長	可補充傳統相術之不足
堪輿類			
155	羅經消納正宗	【明】沈昇撰、【明】史自成、丁孟章合纂	失傳四庫存目珍稀風水古籍
156	風水正原		●積德為求地之本，形家必讀！
157	安溪地話（風水正原二集）	【清】余天藻	●純宗形家，與清代欽天監地理風水主張大致相同
158	《蔣子挨星圖》附《玉鑰匙》	傳【清】蔣大鴻等	窺知無常派章仲山一脈真傳奧秘
159	樓宇寶鑑	吳師青	陽宅風水必讀、現代城市樓宇風水看法改革
160	《香港山脈形勢論》《如何應用日景羅經》合刊	吳師青	香港風水山脈形勢專著
161	三元真諦稿本——讀地理辨正指南	【民國】王元極	被譽為蔣大鴻、章仲山後第一人 內容直接了當，盡揭三元玄空家之秘
162	三元陽宅萃篇	【民國】王元極	被譽為蔣大鴻、章仲山後第一人 內容直接了當，盡揭三元玄空家之秘
163	王元極增批地理冰海 附批點原本地理冰海	【清】高守中 【民國】王元極	被譽為蔣大鴻、章仲山後第一人 內容直接了當，盡揭三元玄空家之秘
164	地理辦正發微	【清】唐南雅	極之清楚明白，披肝露膽
165-167	增廣沈氏玄空學 附 仲山宅斷秘繪稿本三種、自得齋地理叢說稿鈔本（上）（中）（下）	【清】沈竹礽	玄空必讀經典！附《仲山宅斷》幾種鈔本及批點本，畫龍點睛、披肝露膽，道中刊印本未點破的秘訣
168-169	巒頭指迷（上）（下）	【清】尹貞夫原著、【民國】何廷珊增訂、批注	圖文并茂：龍、砂、穴、水、星辰九十九變 洩漏天機：蔣大鴻、賴布衣挨星秘訣及用法
170-171	三元地理真傳（兩種）（上）（下）	【清】趙文鳴	蔣大鴻嫡派真傳張仲馨一脈二十種家傳秘本、宅墓案例三十八圖，並附天星擇日
172	三元宅墓圖 附 家傳秘冊	【清】趙文鳴	蔣大鴻嫡派真傳張仲馨一脈二十種家傳秘本、宅墓案例三十八圖，並附天星擇日
173	宅運撮要	【民國】尤惜陰（演本法師）、榮柏雲	撮三集《宅運新案》之精要
174	章仲山秘傳玄空斷驗筆記 附 章仲山斷宅圖註	【清】章仲山傳、【清】唐鷺亭纂	無常派玄空不外傳秘中秘！二宅實例有斷驗及改造內容
175	汪氏地理辨正發微 附 地理辨正真本	【清】蔣大鴻、姜垚原著、【清】汪云吾發微	蔣大鴻嫡派張仲馨一脈三元理、法、訣具體泄露 三百年來最佳《地理辦正》註解！石破天驚！
176	蔣大鴻家傳歸厚錄汪氏圖解	【清】蔣大鴻、【清】汪云吾圖解	蔣大鴻嫡派張仲馨一脈三元理、法、訣具體泄露 三百年來最佳《地理辦正》註解！石破天驚！
177	蔣大鴻嫡傳三元地理秘書十一種批注	【清】蔣大鴻原著、【清】汪云吾、【清】劉樂山註	蔣大鴻嫡派張仲馨一脈三元理、法、訣具體泄露 三百年來最佳《地理辦正》註解！石破天驚！

178	《星氣(卦)通義(蔣大鴻秘本四十八局圖并打劫法)》《天驚秘訣》合刊	題【清】蔣大鴻 著	江西興國真傳三元風水秘本
179	蔣大鴻嫡傳天心相宅秘訣全圖附陽宅指南等秘書五種	【清】蔣大鴻編訂、【清】汪云吾、劉樂山註	蔣大鴻徒張仲馨秘傳陽宅風水「教科書」！
180	家傳三元地理秘書十三種		真天宮之秘　千金不易之寶
181	章仲山門內秘傳《堪輿奇書》附《天心正運》	【清】章仲山傳、【清】華湛恩	直洩無常派章仲山玄空風水不傳之秘
182	《挨星金口訣》、《王元極增批補圖七十二葬法訂本》合刊	[民國]王元極	秘中秘——玄空挨星真訣公開！字字千金！
183-184	《家傳三元古今名墓圖集附謝氏水鉗》《蔣氏三元名墓圖集》合刊(上)(下)	(清)孫景堂，劉樂山，張稼夫	蔣大鴻嫡傳風水宅案、幕講師、蔣大鴻、姜垚等名家多個實例，破禁公開！
185-186	《山洋指迷》足本兩種 附《尋龍歌》(上)(下)	【明】周景一	風水巒頭形家必讀《山洋指迷》足本！
187-196	蔣大鴻嫡傳水龍經注解 附 虛白廬藏珍本水龍經四種(1-10)	【清】蔣大鴻編訂、【清】楊臥雲、汪云吾、劉樂山註	蔣大鴻嫡傳一脈授徒秘笈 希世之寶 千年以來，師師相授之秘旨，破禁公開！完整了解蔣氏嫡派真傳一脈三元理、法、訣！附已知最古《水龍經》鈔本等五種稀見《水龍經》
197	批注地理辨正直解	【清】章仲山	無常派玄空必讀經典未刪改本！
198	《天元五歌闡義》附《元空秘旨》(清刻原本)		
199	心眼指要(清刻原本)		
200	華氏天心正運	【清】華湛恩	
201-202	批注地理辨正再辨直解合編(上)(下)	【清】蔣大鴻原著、【清】姚銘三再註、【清】章仲山直解	失傳姚銘三玄空經典重現人間！名家：沈竹礽、王元極推薦！
203	章仲山注《玄機賦》《元空秘旨》附《口訣中秘訣》《因象求義》等九種合刊	【清】章仲山	近三百年來首次公開！章仲山無常派玄空秘密，和盤托出！
204	章仲山門內真傳《三元九運挨星篇》《運用篇》《挨星定局篇》《口訣篇》等合刊	【清】章仲山、柯遠峰等	章仲山注《玄機賦》及章仲山原傳之口訣及筆記
205	章仲山門內真傳《大玄空秘圖訣》《天驚訣》《飛星要訣》《九星斷略》《得益錄》等合刊	【清】章仲山、冬園子等	
206	撼龍經真義	吳師青註	近代香港名家吳師青必讀經典
207	章仲山嫡傳《翻卦挨星圖》《秘鈔元空秘旨》附《秘鈔天元五歌闡義》	【清】章仲山傳、【清】王介如輯撰	透露章仲山家傳玄空嫡傳學習次弟及關鍵不傳之秘
208	章仲山嫡傳秘鈔《秘圖》《節錄心眼指要》合刊		史上首次公開「無常派」下卦起星等挨星秘密之書
209	《談氏三元地理大玄空實驗》附《談養吾秘稿奇門占驗》	【民國】談養吾撰	了解談氏入世的易學卦德爻象思想
210	《談氏三元地理濟世淺言》附《打開一條生路》		
211-215	《地理辨正集註》附《六法金鎖秘》《巒頭指迷真詮》《作法雜綴》等(1-5)	【清】尋緣居士	集《地理辨正》一百零八家註解大成精華 匯巒頭及蔣氏、六法、無常、湘楚等秘本 史上最大篇幅的《地理辨正》註解
216	三元大玄空地理二宅實驗(足本修正版)	【民國】尤惜陰(演本法師)、榮柏雲撰	三元玄空無常派必讀經典足本修正版